■ **商品に関する問い合わせ先**

インプレスブックスのお問い合わせフォームより入力してください。

https://book.impress.co.jp/info/

上記フォームがご利用頂けない場合のメールでの問い合わせ先
info@impress.co.jp

- 本書の内容に関するご質問は、お問い合わせフォーム、メールまたは封書にて書名・ISBN・お名前・電話番号と該当するページや具体的な質問内容、お使いの動作環境などを明記のうえ、お問い合わせください。
- 電話やFAX等でのご質問には対応しておりません。なお、本書の範囲を超える質問に関しましてはお答えできませんのでご了承ください。
- インプレスブックス(https://book.impress.co.jp/)では、本書を含めインプレスの出版物に関するサポート情報などを提供しておりますのでそちらもご覧ください。
- 該当書籍の奥付に記載されている初版発行日から3年が経過した場合、もしくは該当書籍で紹介している製品やサービスについて提供会社によるサポートが終了した場合は、ご質問にお答えしかねる場合があります。

■ **落丁・乱丁本などの問い合わせ先**

TEL　03-6837-5016
FAX　03-6837-5023
MAIL　service@impress.co.jp
(受付時間／10:00〜12:00、13:00〜17:30 土日、祝祭日を除く)

- 古書店で購入されたものについてはお取り替えできません。

■ **書店／販売店の窓口**

株式会社インプレス 受注センター
TEL　048-449-8040
FAX　048-449-8041
株式会社インプレス 出版営業部
TEL　03-6837-4635

徹底攻略 OSS-DB Silver 問題集 [Ver.2.0] 対応

2020年4月21日　初版発行

著　者　SRA OSS, Inc. 日本支社　正野 裕大
編　者　株式会社ソキウス・ジャパン
発行人　小川 亨
編集人　高橋 隆志
発行所　株式会社インプレス
　　　　〒101-0051　東京都千代田区神田神保町一丁目105番地
　　　　ホームページ　https://book.impress.co.jp/

印刷所　日経印刷株式会社

ISBN978-4-295-00874-3　C3055

Printed in Japan

■著者

正野裕大（まさの・ゆうた）

SRA OSS, Inc. 日本支社にて、PostgreSQLトレーニングのリーダーとして
運営管理、講師、テキスト開発を担当。PostgreSQLのテクニカルサポート
やコンサルティングも担当している。

OSS-DB Gold 保有。著書に『PostgreSQL徹底入門 第4版』（共著・翔泳社 刊）
がある。

STAFF

編集	坂田 弘美（株式会社ソキウス・ジャパン）
	畑中 二四
制作	波多江 宏之（耕文社）
表紙デザイン	馬見塚意匠室
	阿部 修（G-Co. Inc.）
デスク	千葉 加奈子
編集長	玉巻 秀雄

GRAMMATICA DELLA LINGUA ITALIANA

Venti lezioni di livello intermedio

中級へのイタリア語文法

京藤好男／ロッサーナ・アンドリウッツィ　著

第2版

SANSHUSHA

はじめに

　本書はイタリア語の文法を一通り学んだ人を念頭に構成されています。近年、イタリア語は私たちにとって身近な言語の１つとなり、学習者も増え続けています。しかし、書店に並ぶのはほとんどが入門書で、さらなるレベルアップを願う人にとっての教材が不足していました。本書は基礎的な学習を終え（初級レベル）、原書講読、検定試験、留学など（上級レベル）にチャレンジしようとする人の橋渡しとなることをめざして作られています。

　文法を学んでも実践では使えない、役に立たない、というのはよくある批判です。確かに、文法の知識を詰め込んだからといって、いきなりネイティブ・スピーカーと自由に会話できるわけでも、原書をスラスラと読めるわけでもないでしょう。

　文法は「ことばの世界」を旅するための地図のようなものです。その地図を手に町歩きすると考えてみてください。実際に町に出れば、建物に遮られたり、道路が複雑に交差したり、交通量が多かったり、さまざまな障害にぶつかります。ことばも同じく、教科書通りに相手が出てくるとは限りません。大切なことは、地図と現地のイメージを近づけることです。そのためには身近な場所から始めて、地図なしでも歩ける範囲を広げていくこと、言うなれば「小さな実践」を積み重ねることが重要です。

　語学学習でも要領は似ています。「中級」とは、まさに「小さな実践」の繰り返しの段階。それが、みなさんが上る階段の一段一段を確実に形作ってくれます。そうした信念のもとに本書は編まれました。それが「生のイタリア語」を楽しむための足がかりになることを願っています。

　このたび多くの方々に好評をいただき、第２版として出版されることになりました。みなさまの温かい声に、心からの感謝を申し上げます。この機会に初版を再検討し、読者の方からのご意見も参考にしてより使いやすいようにしました。本書が益々、イタリア語のレベルアップを目指す方の一助となれば幸いです。

2020 年 5 月　　　　　　　　　　　　　　　　　　　　　　　　　　著者

本書の使い方

本書は「文法解説」「練習問題」「実践イタリア語コラム」の3つの要素で構成されています。

「文法解説」は原則として、文法事項をまとめた「表または図式」とそれを補う「例文」からなるシンプルなものです。細かな解説は省かれており、あくまでも既習の文法事項のリマインダーとして位置づけられています。しかしまた、これらの事項が頭に入ってないと、続く練習問題が解けないという目安でもありますので、復習も兼ねて目を通してみてください。

「練習問題（Esercizi）」は、本書のなかで最も主眼が置かれた項目です。課によって問題数は違いますが、いずれも、基礎練習（文法の穴埋め等）、応用練習（文の書き換え等）、実践練習（長文読解等）という3ステップで進みます。自己採点しながら、1つのステップをクリアできたら、次のステップに進むようにしてください。

実践イタリア語コラム **1**

メールの書き方 1

　次のメールを読みながら、イタリア語でのやり取りを学びましょう。

(1) Ciao cara,
(2) che piacere sentirti! Come stai? Io bene e anche i miei.
　　Mi dispiace davvero che non ci siamo salutati prima di partire ...sono state giornate molto difficili e non sono riuscito a fare tutto quello che volevo prima di partire. Ora ci troviamo bene qui a Palermo.
　　Sono contento di sapere che d'estate vieni a trovarci con i tuoi. Quando venite a Palermo siete i benvenuti!
(3) Un abbraccio grande e a presto.
　　Gianni

（訳）やあ、君とも知らせができなくってくれたんだ。元気かい、僕は元気だよ、家族も元気だよ。出発前にちゃんと挨拶ができなくて本当に残念だった。とても忙しい毎日だったから出発前にやりたかったことがぜんぶはできなかったよ。今はここパレルモで快適にやっている。夏に君が家族を連れて会いに来てくれると知って嬉しいよ。君たちがパレルモに来たら大歓迎さ。大きな抱擁を、それじゃまたいうちに。ジャンニ

申書き方の形式は、基本的には手紙と同じですが、親しい人とのやり取りなら、さらにくだけた調子になることもあります。しかし、あまり失礼にならないよう、次のポイントを押さえておきましょう。

(1) 宛先：手紙と同じく Caro（男性）/ Cara（女性）「親愛なる」をつけ、名前を入れてもよいです。さらにメールの場合は、普段の会話のように Ciao でもかまいません。
　　例）親しい人）Caro Gianni, Cara Maria, Ciao Fabio, など。

(2) 書き出し：会話と同じく、簡単に相手の調子を聞いたり、近況をたずねたりします。宛名の続きですので、一行目は小文字で始めます。
　　例）come stai?「元気？」, come va?「調子はどう？」, è da tanto tempo che non ci sentiamo!「連絡を取るのは久しぶりだね」など。Stanno bene anche i tuoi?「家族も元気?」。気配りがあるような感じがよくなるでしょう。

(3) 結び：abbraccio「抱擁」, bacio「キス」といっただけの表現も使われます。もちろん、A presto!「近いうちに」, Ciao!「じゃあね」といった会話の調子でかまいません。

　「実践イタリア語コラム」は、プラス *α* の知識を貯えられるよう設けられています。現地の生活にちなんだ内容がイタリア語で書かれていますので、読解の練習としてはもちろん、実践に必要な語彙、言い回し、そしてイタリアの常識といった知識を取り入れることにも役立ちます。順序を逆にして、日本語訳からイタリア語に直してみると、作文の練習にもなります。いろいろな工夫が可能なコーナーとして利用してください。

　また本編の巻末には「解答集」が別冊でついています。取り外しできる小冊子になっていますので、手元に置いて答え合わせができ、大変便利です。さらに、単に解答を書き並べるだけではなく、難解と思われる箇所には「解説」や問題文の「和訳」を施しました。また、長文問題にはすべて「和訳」をつけてあります。紙幅の関係上、すべて網羅することはできませんでしたが、学習者の理解の手助けとなるよう最大限の工夫を凝らしています。

もくじ

Esercizi 別冊解答集

直接目的語・間接目的語代名詞
Pronomi diretti e indiretti

直接目的語代名詞

▶〈人〉を示す直接目的語代名詞

mi	私を	ci	私たちを
ti	君を	vi	君たちを（あなたたちを）
La	あなたを（敬称）		
lo / la	彼を／彼女を	li / le	彼らを／彼女たちを

▶〈もの・こと〉を示す直接目的語代名詞

	単数 それを	複数 それらを
男性	lo	li
女性	la	le

❶ 直接目的語代名詞の用法

直接目的語の代名詞は「動詞の直前」に置かれます。

○ Dove **mi** aspetti?　● **Ti** aspetto al bar.
私をどこで待つの？　　　　バールで君を待つよ。

Noleggiamo dei DVD e **li** vediamo a casa di Marco.
僕たちは DVD を何枚か借りて、マルコの家でそれらを見ます。

否定する場合は、〈non ＋ 代名詞 ＋ 動詞〉の順序です。

Io conosco Claudia, ma gli altri amici *non* **la** conoscono.
私はクラウディアを知っていますが、ほかの友人は彼女を知りません。

❷ 直接目的語代名詞の強勢形

mi, ti, lo など、先に学んだ代名詞は〈非強勢形〉と呼ばれる、文中での強調がない形です。この代名詞の部分を強調したい場合には〈強勢形〉を用い、通常「動詞の後ろ」に置いて表現します。また、〈強勢形〉は前置詞とともに用いられる形でもあり〈前置詞 ＋ 強勢形〉と表現されます。ただし、その場合には「強調」の意味合いはありません。

強勢形	me	te	Lei	lui	lei	noi	voi	loro
非強勢形	mi	ti	La	lo	la	ci	vi	li / le

○ Chi inviti a casa stasera?
君は今夜、誰を家に招くの？

● Invito **te e Mario**. （代名詞部分の強調）
君とマリオだよ。

Vado al cinema. Vieni **con me**? (前置詞 ＋ 強勢形)
僕は映画に行くけど、君は一緒に来る？

間接目的語代名詞

mi	私に	ci	私たちに
ti	君に	vi	君たちに(あなたたちに)
Le	あなたに		
gli / le	彼に／彼女に	gli	彼らに／彼女たちに

❶ 間接目的語代名詞の用法

　間接目的語は 〈a ＋ 人〉「誰々に」を表すものです。それが代名詞になると
き、直接目的語と同じく「動詞の直前」に置かれます。

○ Scrivi spesso ai tuoi?
君はよく家族に手紙を書くの？

● No, non spesso, **gli** scrivo qualche volta.
いいえ、よくではありません。時々彼らに書きます。

○ Che cosa **Le** piace fare quando ha tempo libero?
暇なとき、あなたは何をするのがお好きですか？

● **Mi** piace viaggiare.
私は旅行をするのが好きです。

❷ 間接目的語代名詞の強勢形

　直接目的語と同様、間接目的語代名詞にも強勢形があります。その場合
〈a ＋ 直接目的語の強勢形〉の形で表します。

強 勢 形	a me	a te	a Lei	a lui	a lei	a noi	a voi	a loro
非強勢形	mi	ti	Le	gli	le	ci	vi	gli

○ Che cosa vi piace fare quando avete tempo libero?
暇なとき、あなたがたは何をするのがお好きですか？

● **A me** piace fare una passeggiata, ma **a lui** non piace molto.
私は散歩をするのが好きですが、彼はあまり好きではありません。

直接目的語と間接目的語代名詞の組み合わせ

　直接目的語代名詞(lo, la, li, le)と間接目的語代名詞が同時に使われる場合は、
語順を 〈間接 ＋ 直接〉とし、次のように組み合わせて用います。

間接／直接	lo それを	la それを	li それらを	le それらを
mi　私に	me lo	me la	me li	me le
ti　君に	te lo	te la	te li	te le
gli　彼に、彼らに	glielo	gliela	glieli	gliele
le / Le　彼女に／あなたに	glielo	gliela	glieli	gliele
ci　私たちに	ce lo	ce la	ce li	ce le
vi　あなたたちに	ve lo	ve la	ve li	ve le

▶ 代名詞の注意点

1) 不定詞と直接・間接目的語代名詞が併用されるとき

a) 〈前置詞 + 不定詞 + 代名詞〉の場合、不定詞に代名詞を結合させます。

Sono molto lieto di conoscer**La**.
あなたと知り合えて大変うれしく思います。

Telefono subito a Stefano per dir**glielo**.
そのことを伝えるため、私はすぐにステーファノに電話します。

b) 〈補助動詞 + 不定詞 + 代名詞〉

①不定詞に結合する形、②代名詞が補助動詞の前に置かれる形の 2 通りが可能です。

①の例：Può spiegar**mi** ancora?
もう一度私に説明していただけますか？

②の例：**Mi** può spiegare ancora?
（意味は上に同じ）

2) 〈lo/la/li/le + 動詞 + 形容詞〉のように形容詞が代名詞を修飾するとき

形容詞は直接目的語代名詞の性と数に一致します。

Vorrei un etto di parmiggiano e **lo** vorrei **grattugiato**.
パルメザン・チーズを 100 グラムで、それをおろしてほしいのですが。

○Mi dia un chilo di pomodori piccoli.
ミニトマトを 1 キロください。

●**Li** vuole **rossi** o **gialli**?
赤いのがいいですか、それとも黄色ですか？

3) 先行する文や節を受けるとき

代名詞は常に lo を用います。この lo は、特に性を持たないことから〈中性の lo〉と呼ばれます。

○Sai **quando arriva Rossana**?　　●No, non **lo** so.
ロッサーナがいつ着くか知ってる？　　　いいや、知らないよ。
※この lo は「ロッサーナはいつ着くか」という節を受ける「そのこと」といった意味です。

— *Esercizi*

1. 左の直接目的語代名詞に対応する、右の主語を線で結びましょう。

直接目的語代名詞「～を」 　　　　　　　　　主語「～は」

1) mi •　　　　　　　　　　• a) Lei

2) ti •　　　　　　　　　　• b) Marco e Andrea

3) La •　　　　　　　　　　• c) io

4) lo •　　　　　　　　　　• d) tu e Martina

5) la •　　　　　　　　　　• e) Lucia

6) ci •　　　　　　　　　　• f) tu

7) vi •　　　　　　　　　　• g) Angela e Lucia

8) li •　　　　　　　　　　• h) Marco

9) le •　　　　　　　　　　• i) io e Susanna

2. 例のように、下線部の語句を代名詞に置き換えましょう。主語も省略すること。

例 Lucia mangia <u>la pizza</u>. ➡ *La mangia.*

1) Lo studente studia <u>la lezione</u>. _____

2) Il professore corregge <u>gli esercizi</u>. _____

3) Ilaria conosce bene <u>mia sorella</u>. _____

4) Lisa prepara <u>il tè</u>. _____

5) Compro <u>le caramelle</u> per i bambini. _____

6) A pranzo mangio spesso <u>panini</u>. _____

7) Prepariamo <u>il pranzo</u> insieme? _____

8) Il turista fotografa <u>i monumenti antichi</u>. _____

9) Sai fare <u>le polpette di pollo</u>? _____

10) Ogni giorno bevo <u>vino bianco</u>. _____

3. 例のように、( ) 内の語句が答えとなるよう、返答文を書きましょう。

例 ○ Stefano, dove mi aspetti? (al bar)
　　● *Ti aspetto al bar.*

1) ○ Chi ti chiama così tardi? (Paola)

　　● _____

2) ○ Pronto? Mi senti? (sì, bene)

　　● _____

3) ○ A che ora svegli i tuoi figli la mattina? (alle 7)

　　● _____

4) ○ Chi vi accompagna al cinema? (mio cugino)

　　● _____

5) ○ A che ora ci passi a prendere? (verso le 8:30)

　　● _____

6) ○ Dove La porto, signorina? (alla stazione centrale)

　　● _____

7) ○ Quando ci vieni a prendere? (dopo cena)

　　● _____

8) ○ Dove ci vediamo? (davanti al Duomo)

　　● _____

9) ○ Dove La posso rivedere domani? (a scuola)

　　● _____

10) ○ Mi aiuta a portare la valigia, per favore? (volentieri!)

　　● _____

4. 例のように、下線部の目的語を代名詞（非強勢形）に直して書き換えましょう。直接目的語と間接目的語が混在しているので気をつけてください。

例 Scrivo spesso <u>a lei</u>. ➡ *Le scrivo spesso.*

1) Telefono <u>a te</u> domani sera, va bene?

_____

2) Mia madre fa sempre bei regali <u>a mia sorella</u>.

_____

3) Il mio ragazzo chiama <u>me</u> ogni sera.

_____

4) Avvocato, ricordo <u>a Lei</u> che ha un appuntamento adesso.

_____

5) Passo a prendere <u>voi</u> alle 4, va bene?

_____

6) Sandra vuole molto bene <u>a suo padre</u>.

_____

7) Maria ama <u>Giacomo</u> tantissimo!

_____

8) Presti <u>a me</u> la tua macchina stasera?

_____

9) Presenti <u>a noi</u> la tua amica?

_____

10) Ringrazio <u>Lei</u> e telefono <u>a Lei</u> presto!

_____

5. 意味が通るように、空欄に間接目的語代名詞（非強勢形）を入れ、全文を完成させましょう。

例 Signori, quando torno in ufficio, *vi* mando l'orario di lavoro via fax.

1) Signorina, _____ piace la musica classica?

2) Lucia _____ scrive spesso, ma io _____ rispondo raramente.

3) Quando andiamo al bar, Marco _____ offre sempre da bere.

4) Ragazzi, come _____ sembra Firenze?

5) Scusi, _____ dispiace ripetere, proprio non capisco.

6) Quando le vedo, _____ spiego cosa fare.

7) Angelo, _____ presento il mio amico Stefano.

8) Giulio è una bugiardo, non _____ credo!

9) Voglio incontrare Silvia perché _____ devo parlare urgentemente.

10) Ragazze, _____ interessa vedere uno spettacolo musicale?

6. 意味が通るように、空欄に直接目的語代名詞または間接目的語代名詞（いずれも非強勢形）を入れ、全文を完成させましょう。

1) Stasera penso di vedere Sonia, ora _____ telefono e _____ invito a cena.

2) I tuoi genitori sono molto gentili, _____ voglio fare un regalo.

3) Non conosco bene Piero, ma _____ incontro sempre al bar e _____ saluta.

4) Dove sono le tue amiche? _____ vedi oggi? _____ telefoni?

5) Antonio _____ ama, ma io non _____ amo.

6) Conosci il regista Zeffirelli?
   Sì, _____ conosco e i suoi film _____ piacciono moltissimo.

7) Luigi _____ parla sempre di calcio e io _____ odio!

8) Ragazzi, stasera _____ voglio cucinare un piatto tipico romano.

9) A noi Enrico non piace, _____ sembra una persona falsa.

10) Francesca, tua sorella _____ cerca, meglio se _____ telefoni subito!

7. 文意をよく考え、適切な目的語代名詞の組み合わせを（　　）内から選んでください。

1) Lisa vuoi un caffè? (Te lo / Me lo) preparo volentieri!

2) Finisco di scrivere l'e-mail a Pino e (gliela / glieli) spedisco subito.

3) Faccio la spesa a mia nonna e (glielo / gliela) porto a casa tutti i giorni.

4) Bambini, (ce lo / ve lo) dico e (ce lo / ve lo) ripeto: silenzio!

5) Hai le foto del viaggio? (Me la / Me le) fai vedere?

6) Vogliamo la tua ricetta del tiramisù, (ce la / me le) scrivi per favore?

7) Carina la tua amica! (Me la / Te la) presenti?

8) Se non sapete l'indirizzo del ristorante (ce lo / ve lo) scrivo su un biglietto.

9) Mi porti il libro di storia?
   Sì, (me lo / te lo) porto domani mattina a scuola.

10) Leggi ai tuoi figli le fiabe la sera? No, non (gliele / glieli) leggo mai.

8. 代名詞を見つけ出し、可能なものは動詞と結合する位置に置き換えましょう。

例 Lo voglio mangiare subito. → *Voglio mangiarlo subito.*

1) Ti posso accompagnare a casa?

_____

2) Ci sono pochi posti per lo spettacolo, li dobbiamo prenotare subito.

_____

3) Il dizionario non mi serve, ve lo posso prestare.

_____

4) Signor Rossi, a che ora La posso chiamare?

_____

5) Hai il nuovo cd di Madonna? Lo voglio ascoltare!

_____

6) Se gli piacciono le lasagne, gliele posso cucinare stasera.

_____

7) Signorina, gradisce un caffè? Glielo posso offrire?

_____

8) Finisco di leggere il romanzo e te lo posso prestare.

_____

9) La macchina ha un guasto. La devo portare dal meccanico.

_____

10) Mi puoi telefonare stasera? Ti spiego bene la situazione.

_____

9. 文意をよく考え、適切な直接目的語代名詞、間接目的語代名詞、または組み合わせの形を入れながら、会話文を完成させましょう。

Maria: Domani è il compleanno di mia figlia e voglio far 1) _____ una bella torta, 2) _____ aiuti?

Lisa: Certo, 3) _____ aiuto volentieri. Sai già che torta preparar 4) _____?

Maria: Mah, Simona desidera una torta con le fragole perché le fragole 5) _____ piacciono moltissimo! E 6) _____ vuole anche con il cioccolato e con una decorazione tutta colorata.

Lisa: Ha le idee chiare la piccola Simona! Bè, una torta panna e cioccolato 7) _____ sembra una buona idea! E poi possiamo usare le fragole per decorar 8) _____.

Maria: Bene, cominciamo con gli ingredienti, guarda se 9) _____ abbiamo tutti.

Lisa: Mmm. Il cioccolato non 10) _____ sembra abbastanza, e manca la panna.

Maria: Per la panna, non 11) _____ preoccupare, 12) _____ puoi trovare nel frigo in alto. Il cioccolato, invece, devo proprio andare a comprar 13) _____.

Lisa: Ma no, aspetta! 14) _____ _____ vado a comprare io e 15) _____ _____ porto subito! E compro anche delle candeline colorate per Simona, così 16) _____ mettiamo sulla torta insieme alle fragole. 17) _____ occorre altro?

Maria: No, grazie! Allora mentre 18) _____ aspetto preparo gli altri ingredienti e comincio a dosar 19) _____.

10. 会話を読みながら、代名詞の使い方を検証しましょう。下線部の代名詞の用法が正しければ○を、間違っていれば、正しい形を書いてください。

Daniele: Pietro, 1)Le devo chiedere un favore.

Pietro: Se posso, 2)te lo faccio volentieri.

Daniele: Puoi prestarti 3) la macchina fotografica? La mia non funziona bene e domenica vado a Matera con Antonella a vedere i Sassi e 4)gli voglio fotografare...

Pietro: Certo, 5)te lo presto volentieri, ma non è mia, è di mio fratello e devo prima chiedergliela 6), aspetta che 7)li telefono.

Daniele: Grazie!

Pietro: Mio fratello dice che posso prestargliela 8), ma che devi restituirgliela 9) la settimana prossima perché 10)la serve, va bene?

Daniele: Sì, va bene, 11)gliele riporto lunedì... grazie e ringrazia anche tuo fratello!

Pietro: Certo, ma tu poi, però, mostri le foto anche a lui, perché 12)gli piace moltissimo fare foto!!

1) _____ 2) _____ 3) _____

4) _____ 5) _____ 6) _____

7) _____ 8) _____ 9) _____

10) _____ 11) _____ 12) _____

実践イタリア語コラム *1*

メールの書き方 1

次のメールを読みながら、イタリア語でのやり取りを学びましょう。

(1) <u>Ciao cara,</u>

(2) <u>che piacere sentirti!</u> Come stai? Io bene e anche i miei.

 Mi dispiace davvero che non ci siamo salutati prima di partire ...sono state giornate molto difficili e non sono riuscito a fare tutto quello che volevo prima di partire. Ora ci troviamo bene qui a Palermo.

 Sono contento di sapere che d'estate vieni a trovarci con i tuoi. Quando venite a Palermo siete i benvenuti!

(3) <u>Un abbraccio grande e a presto,</u>

 Gianni

[訳] やあ、君から知らせをもらってうれしいよ。元気かい。僕は元気だし、家族も元気だよ。出発前に互いに挨拶ができなくて本当に残念だった。とても忙しい毎日だったから出発前にやりたかったことがぜんぶはできなかったよ。今はここパレルモで快適にやってる。夏に君が家族を連れて会いに来てくれると知って喜んでいるよ。君たちがパレルモに来たら大歓迎さ。大きな抱擁を、では近いうちに。ジャンニ

※書き方の形式は、基本的には手紙と同じですが、親しい人とのやり取りなら、さらにくだけた調子になることもあります。しかし、あまり失礼にならないよう、次のポイントを抑えておきましょう。

(1) 宛名：手紙と同じく Caro（男性）/ Cara（女性）「親愛なる」をつけ、名前を入れてもよいです。さらにメールの場合は、普段の会話のように Ciao でもかまいません。

 例）〔親しい人〕Caro Gianni, Cara Maria, Ciao Fabio, など。

(2) 書き出し：会話と同じく、簡単に相手の調子を聞いたり、近況をたずねたりします。宛名の続きですので、一行目は小文字で始めます。

 例) come stai?「元気？」, come va?「調子はどう？」, è da tanto tempo che non ci sentiamo!「連絡を取るのは久しぶりだね」など。Stanno bene anche i tuoi?「家族も元気？」など、気配りがあるとより感じがよくなるでしょう。

(3) 結び：abbraccio「抱擁」, bacio「キス」といったくだけた表現も使われます。もちろん、A presto!「近いうちに」, Ciao!「じゃあね」といった会話の調子でかまいません。

CAPITOLO 2 | 代名詞的小辞 ne と ci

Le particelle *ne* e *ci*

┃ne の用法

❶ ne ＋数量・分量

既出の名詞を言い換える一種の代名詞的役割を果たしますが、常に数量や分量を表す数詞、名詞、代名詞を伴います。

○ Quanti fratelli hai?　● **Ne ho tre**.
兄弟は何人いますか？　　　3 人ですよ。

○ Vuoi un po' di zucchero nel caffè?
コーヒーに砂糖を少しいかが？

● Sì, grazie. **Ne** vorrei solo **un cucchiaino**.
ええ、ありがとう。スプーン 1 杯だけ欲しいわ。

▶ **分量を表す ne の注意**

分量を表す単語が nessuno「何もなし」のときは ne を用いますが、tutto「すべて」のときは、直接目的語代名詞（lo, la, li, le）になります。

○ Professore, conosce alcuni studenti della classe?
先生、そのクラスの学生は何人かご存知ですか？

● No, non **ne** conosco **nessuno**.
いいや、誰も知らないね。

○ Professore, conosce alcuni studenti della classe?
先生、そのクラスの学生は何人かご存知ですか？

● Sì, **li** conosco **tutti**.
ええ、彼らをみんな知っていますよ。

※否定的な表現としては nessuno のほか affatto, per niente, per nulla なども ne とともに用いられます。

❷ ne ＝ di（da）＋名詞・代名詞・不定詞

既出の名詞・代名詞・不定詞・節などを受けて〈di (da) ＋～〉で表されるものを ne で言い換えます。

Lui è un famoso regista. **Ne** parlano tutti. (ne = di lui)
彼は有名な演出家です。みんな彼のことを話しています。

Questo fine settimana io vorrei andare al mare. Che **ne** dite?
(ne = di andare al mare)
今週末、私は海へ行きたいのだけど、あなたたちは（それについて）どう思う？

Quando ho saputo la notizia, **ne** sono stato molto sorpreso.
(ne = dalla notizia)
その知らせを知ったとき、僕はとても驚かされたよ。

❸ ne ＝場所の表現

既出の場所を受けて、副詞的に「そこから」を表します。

- ○ Siete stati in Toscana?
  君たちはトスカーナにいたの？

- ● Sì, **ne** siamo tornati ora. (ne = dalla Toscana)
  そう、今そこから戻ったところなんだ。

Maria è entrata nel negozio e **ne** è uscita dopo qualche minuto.
マリーアは店に入り、数分後にそこから出て行きました。

❹ ne ＝部分的な表現

〈部分冠詞＋名詞〉を言い換えます。

- ○ Avete ancora del vino?　　　● Mi dispiace, non **ne** abbiamo più.
  まだワインはありますか？　　　　　すみません、もうありません。

- ○ Ci sono delle uova nel frigo?　● Sì, ce **ne** sono ancora.
  冷蔵庫に卵はありますか？　　　　　　　ええ、まだあります。

※ c'è, ci sono の構文で ne が使われるときは、ci が ce と音韻変化して ce n'è, ce ne sono となります。

┃ci の用法

❶ ci ＝場所の表現

既出の場所を言い換えます。

- ○ Vieni a casa mia?　　● Sì, **ci** vengo volentieri.
  私の家に来ますか？　　　　ええ、よろこんで（そこへ）行きます。

Sono già stato in Giappone e voglio tornar**ci**.
日本へはもう行ったことがありますが、また（そこへ）戻りたいです。

❷ ci ＝前置詞 a を伴う表現の言い換え

前置詞 a を伴う内容〈a ＋名詞・代名詞・不定詞など〉の代わりをします。

- ○ Chi pulisce il giardino?
  誰が庭の掃除をするの？

- ● **Ci** penso io. (ci = a pulire il giardino)
  僕がやるよ。

Anche se ho provato a convincerlo, non **ci** sono riuscito.
(ci = a convincerlo)
彼を説得しようとしたのだけど、うまくいかなかったよ。

❸ ci ＝さまざまな前置詞を伴う表現の言い換え

前置詞 in, su, di, con を伴う内容の代わりもします。

○ Credi in quella storia?
君はその話を信じる？

● No, non **ci** credo affatto. (ci = in quella storia)
いいや、まったく信じないね。

Siccome Marco è impegnatissimo in questi giorni, non **ci** possiamo contare. (ci = su di lui)
マルコは最近すごく忙しいので、私たちは彼を当てにはできません。

Mi hanno spiegato tante volte la loro idea, ma non **ci** capisco niente. (ci = della loro idea)
彼らは私に何度も自分たちの考えを説明したのですが、私はまったくわかりません。

Il direttore è sempre fuori, perciò **ci** parlo sempre al telefono. (ci = con lui)
部長はずっと外出しています、そのため私はいつも彼と電話で話します。

❹ 常に **ci** を用いる動詞の用法

ci はさまざまな成句・慣用表現で用いられます。

▶ **esserci**「（もの・人などが）ある、いる」

Ci sono due entrate al ristorante.
そのレストランには入口が2つあります。

▶ **volerci**「（時間・費用などが）かかる、必要だ」

Per arrivare alla stazione **ci vogliono** ancora 10 minuti.
駅に着くのに、あと10分かかります。
※ここでの主語は 10 minuti「10分」です。

▶ **metterci**「（時間・費用などを）かける、費やす」

Ci mettiamo molto tempo per fare questo lavoro.
この作業をするのに、私たちは多くの時間をかけます。

▶ **vederci**「（目が）見える」

Non **ci vedo** bene senza occhiali.
眼鏡がないと、私はよく見えません。

▶ **sentirci**「（耳が）聞こえる」

Può parlare più forte? Non **ci sento** bene.
もっと大きな声で話してもらえませんか？　よく聞こえません。

▶ **starci**「賛成する」

○ Voglio invitare anche Marco. **Ci stai**?　● Sì, io **ci sto**.
マルコも招待したいなあ。君は賛成かな？　　ええ、私は賛成よ。

━ *Esercizi*

1. 例のように、（　）内の語句が答えとなるよう ne を用いて答え
ましょう。

例 Quanti caffè bevi al giorno? (quattro) ➡ *Ne bevo quattro.*

1) Signora Angeletti, quanti figli ha? (tre)

_____

2) Tomoko, quanti italiani conosci a Tokyo? (pochi)

_____

3) Marco, quanti caffè bevi al giorno? (parecchi)

_____

4) Signora, quante mele vuole? (2 kg)

_____

5) Mangi questo pezzo di torta? (sì, tutto)

_____

6) Aldo, quante telefonate fai al giorno? (molte)

_____

7) Hai amici a Torino? (nessuno)

_____

8) Signori, volete del vino? (1 bottiglia)

_____

9) Licia, vuoi un po' di cognac? (1 bicchierino)

_____

10) Quanti anni ha tua madre? (64)

_____

2. 次の文中の ne の用法について、合っていれば○、間違っていれば ×をつけましょう。

1) È tardi! Che ne dite di andare?　　　　　_____

2) Sei sicuro di quello che dici? Io non ne so niente!　_____

3) Hai fatto i compiti? Sì, ne ho fatti.　　_____

4) C'è ancora della pasta, ne vuoi?　　　_____

5) Devo restituirti il libro, me ne sono dimenticato, scusa!　_____

6) Buona la pasta! Ne mangio tutta!!　　_____

7) Hai letto quel libro? Che ne pensi?　　_____

8) Prendi l'autobus? Sì, ne prendo.　　　_____

9) Non mi piacciono le banane, non ne mangio affatto.　_____

10) Basta! Me ne torno a casa mia!　　　_____

3. 次の質問文に対する正しい答えを、右の a), b) から選びましょう。

1) ○C'è ancora della carne?　　　●a) Sì, c'è.　b) Sì, ce ne è.

2) ○Chi c'è in bagno?

　　●a) Non c'è nessuno.　b) Non ce ne è nessuno.

3) ○Ci sono molti stranieri in Italia?

　　●a) Sì, ci sono moltssimi.　b) Sì, ce ne sono moltissimi.

4) ○C'è un dottore in questa zona?

　　●a) Sì, c'è uno qui vicino.　b) Sì, ce ne è uno qui vicino.

5) ○C'è la mia penna sul tavolo?　　●a) Sì, c'è.　b) Sì, ce ne è.

6) ○Ci sono ristoranti giapponesi a Roma?

　　●a) Sì, ci sono parecchi.　b) Sì, ce ne sono parecchi.

※上で ce ne è と表記された部分は ce n'è とすることもある。

4. 例のように、ci (場所を表す副詞) を用い、返答文を完成させましょう。

例　○A che ora arrivi alla stazione?　●*Ci arrivo* alle dieci e mezzo.

1) ○Chi va al concerto di Bocelli?

　　●_____ tutti.

2) ○ Quando torni a Berlino?

● _____ il mese prossimo.

3) ○ Vanno già a scuola i tuoi bambini?

● No, non _____ ancora.

4) ○ Cosa c'è di interessante al museo degli Uffizi?

● _____ quadri, sculture ecc.

5) ○ Chi abita in quell'appartamento?

● Non _____ nessuno.

6) ○ Perché vai a Venezia?

● _____ per vedere il Carnevale.

7) ○ Da quanto tempo non vai al cinema?

● Non _____ da mesi.

8) ○ C'è qualcuno in casa?

● Sì, _____ io!

9) ○ Come tornate in Sicilia?

● _____ in aereo.

10) ○ Quando puoi andare all'ufficio postale?

● _____ martedì.

5. 意味が通るように、ci のさまざまな用法を踏まえ、返答文を完成させましょう。

例 ○ Riesci a alzare questa valigia? ● No, *non ci riesco.*

1) ○ Credi a quello che ti dico?

● No, _____.

2) ○ Posso contare sulla tua amicizia?

● Certo! _____ sempre!

3) ○ Riesci a entrare in casa?

   ● No, _____. La chiave non funziona.

4) ○ Chi pensa alla pasta?

   ● _____ io!

5) ○ Tieni molto a Luca?

   ● Sì, _____ moltissimo.

6) ○ Vedi chiaro in questa faccenda?

   ● No, non _____ chiaro per niente!

7) ○ Quanto tempo ci metti per andare a scuola?

   ● _____ una mezz'ora.

8) ○ Facciamo pausa ora, ci stai?

   ● Sì, _____.

9) ○ La bimba riesce già a camminare?

   ● Non _____ ancora.

10) ○ Capisci le istruzioni per la videocamera?

   ● Non _____ niente.

6. volerci「～がかかる」を使って、全文を完成させましょう。

1) Da Roma a Firenze _____ due ore di treno.

2) Per fare questi compiti _____ un'ora circa.

3) In autobus _____ un sacco di tempo.

4) Per fare gli spaghetti alla carbonara _____ la pancetta affumicata.

5) Per girare in Europa non _____ il passaporto.

6) Sbrigati! Ma quanto tempo _____ per prepararti!

7) Eh, quanta pazienza _____ con i bambini!

7.

意味が通るように、下の語群から適切なものを選び、文を完成させましょう。

1) Stai attento ai miei cd, _____ moltissimo!

2) Ragazze, ma quanto tempo _____ per prepararvi?

3) Per andare in Giappone _____ molte ore di viaggio.

4) Di nuovo lo stesso errore, non _____!

5) Anna vuole diventare cantante e _____ a cantare bene.

6) Su Andrea puoi sempre _____.

7) Non accetto le tue offese, proprio non _____.

8) In amore non _____ proprio niente!

9) Non riusciamo a ballare il tango, proprio non _____!

---

ci credo / contarci / ci tiene / ci vogliono/
ci tengo / ci sto / ci mettete / ci riusciamo / ci vuole

8.

代名詞的小辞 ci または ne を使って、文法的に適切な文を完成させましょう。

1) Sono stanco, me _____ vado a letto.

2) Marta, che _____ pensi del problema di Mina?

3) Se _____ tieni tanto a imparare l'italiano, devi studiare di più!

4) Devo telefonarle, ma me _____ dimentico sempre.

5) Roma è troppo caotica, io non _____ posso vivere!

6) _____ è troppa nebbia, non _____ vedo.

7) Appena Luca esce, io _____ sento già la mancanza.

8) La tua proposta è interessante, ma _____ devo pensare un po'.

9) Mi sembra una ragazza simpatica, tu che _____ pensi?

9. 次の対話文を読んで以下の設問に答えましょう。

L'intervista

Giornalista: Signor Rocco, parliamo di vini... Lei è uno che se 例)ne intende, vero?

Signor Rocco: Certo che me 1)ne intendo! Il vino mi piace, lo bevo e lo produco anche...

Giornalista: Lo so, lo so... e infatti, vorrei parlare con Lei proprio di vino. Lei ha un'azienda vinicola vero?

Signor Rocco: Sì, 2)ne ho una, ma molto piccola...

Giornalista: La sua azienda produce un vino non molto conosciuto... l'Aglianico, ce 3)ne parla?

Signor Rocco: Volentieri! Innanzitutto bisogna dire che nel sud Italia, in particolare in Campania, Molise e Puglia 4)ci sono molte aziende vinicole che producono l'Aglianico. La mia azienda però è in Basilicata e produce Aglianico del Vulture, che è un Aglianico particolare...

Giornalista: E perché?

Signor Rocco: Perché la zona del Vulture, vicino Potenza, è una zona vulcanica ed è particolarmente adatta alla coltivazione di questo vitigno... infatti, da sempre 5)ci facciamo un ottimo vino!

Giornalista: In effetti l'Aglianico del Vulture è un vino D.O.C. annoverato tra i più grandi vini rossi d'Italia, gli intenditori 6)ne danno pareri sempre più positivi, e ha avuto un bel successo al Vinitaly 2010 con ben 11 menzioni ed 1 medaglia d'oro... che 7)ne pensa?

Signor Rocco: Bè un giusto riconoscimento ci vuole per una produzione di gran qualità... e noi alla qualità 8)ci teniamo moltissimo perché 9)ci scommettiamo tutto il nostro lavoro.

Giornalista: Un ultima domanda, quale cibo consiglia di abbinare all'Aglianico del Vulture?

Signor Rocco: Mah, la carne arrostita, sia rossa che bianca, la selvaggina e poi direi che con i formaggi stagionati 10)ne vale veramente la pena!

設問［1］文中の 1) 〜 10) の ci または ne が指し示し、言い換えている
　　　　語句全体を書き出してみましょう。

例 *di vini*

1) ＿＿＿＿＿＿＿＿＿＿＿　　2) ＿＿＿＿＿＿＿＿＿＿＿
3) ＿＿＿＿＿＿＿＿＿＿＿　　4) ＿＿＿＿＿＿＿＿＿＿＿
5) ＿＿＿＿＿＿＿＿＿＿＿　　6) ＿＿＿＿＿＿＿＿＿＿＿
7) ＿＿＿＿＿＿＿＿＿＿＿　　8) ＿＿＿＿＿＿＿＿＿＿＿
9) ＿＿＿＿＿＿＿＿＿＿＿　　10) ＿＿＿＿＿＿＿＿＿＿＿

設問［2］次の 1) 〜 10) を読み、本文の内容と合っていれば V、間違っ
　　　　ていれば F チェックしましょう。

1) Il signor Rocco è un intenditore di vini.　　　　　　　　V / F

2) Ha una grande azienda vinicola.　　　　　　　　　　　V / F

3) L'Aglianico è un vino tipico dell'Italia settentrionale.　　V / F

4) L'azienda del signor Rocco è in Basilicata.　　　　　　V / F

5) L'Aglianico del Vulture si produce solo vicino a Potenza.　V / F

6) La zona del Vulture è una zona vulcanica.　　　　　　　V / F

7) L'Aglianico del Vulture è un famoso vino bianco.　　　　V / F

8) Al Vinitaly del 2010 ha avuto molto successo.　　　　　V / F

9) È considerato un vino di qualità.　　　　　　　　　　　V / F

10) È un vino che si abbina molto bene al pesce.　　　　　　V / F

近過去
Passato prossimo

❶ 近過去の作り方

> **avere** または **essere ＋ 過去分詞**
> ※複合過去を作るときの avere, essere を「助動詞」といいます。

過去分詞には〈**規則形**〉と〈**不規則形**〉があります。

1) 過去分詞の規則形

〈規則形〉は不定詞の語尾を変化させて作ります。

-are 動詞 ➡ -ato	telefonare 電話する ➡ telefonato
-ere 動詞 ➡ -uto	ricevere 受け取る ➡ ricevuto
-ire 動詞 ➡ -ito	dormire 眠る ➡ dormito

2) 過去分詞の不規則形

辞書などで確認し、1つ1つ覚えましょう（以下、代表例）。

fare する、作る	➡ fatto	accendere 点ける	➡ acceso
spegnere 消す	➡ spento	chiudere 閉める	➡ chiuso
prendere 取る	➡ preso	leggere 読む	➡ letto
scrivere 書く	➡ scritto	chiedere たずねる	➡ chiesto
vedere 見る、会う	➡ visto	aprire 開く、開ける	➡ aperto
dire 言う	➡ detto	venire 来る	➡ venuto
essere 〜である	➡ stato（stare の過去分詞も stato となり、同形であることに注意）		

❷ 助動詞 avere / essere の使い分け

近過去の助動詞は、過去分詞に用いる動詞を基準に使い分けします。

▶ avere を用いる動詞

- 他動詞のすべて。

- 一部の自動詞：camminare, viaggiare, telefonare, lavorare など。

▶ essere を用いる動詞

- 自動詞の大半。

  1) 移動・発着を表す andare, tornare, uscire, partire, arrivare など。
  2) 変化・生死を表す diventare, nascere, crescere, morire など。
  3) 状態を表す stare, restare, rimanere など。
  4) 通常非人称的に用いられる piacere, costare, succedere など。
- 再帰動詞のすべて。

❸ 近過去の活用

〈essere ＋ 過去分詞〉の場合、過去分詞は主語の性・数によって語尾変化します。〈avere ＋ 過去分詞〉では、その必要がありません。

	助動詞 avere telefonare	助動詞 essere tornare
io	ho telefonato	sono tornato (tornata)
tu	hai telefonato	sei tornato (tornata)
lui/lei/Lei	ha telefonato	è tornato (tornata)
noi	abbiamo telefonato	siamo tornati (tornate)
voi	avete telefonato	siete tornati (tornate)
loro	hanno telefonato	sono tornati (tornate)

Ieri sera **abbiamo mangiato** al ristorante.
昨日の夜、私たちはレストランで食事をしました。

Paola **è uscita** verso le sette.
パオラは 7 時頃に出かけました。

Che cosa **è successo**?
何かあったの？

❹ 再帰動詞・代名動詞の近過去

これらの助動詞は常に essere です。〈代名詞＋ essere ＋過去分詞〉の語順となり、過去分詞は主語の性と数によって語尾変化します。

＊代名動詞は「再帰動詞の自動詞的用法」とも言われるもので、形態や活用は再帰動詞と同じです。
　主な用法の違いとして、代名動詞は次に語句を取る場合、di などの前置詞を必要とします。

	alzarsi	accorgersi
io	mi sono alzato (alzata)	mi sono accorto (accorta)
tu	ti sei alzato (alzata)	ti sei accorto (accorta)
lui/lei/Lei	si è alzato (alzata)	si è accorto (accorta)
noi	ci siamo alzati (alzate)	ci siamo accorti (accorte)
voi	vi siete alzati (alzate)	vi siete accorti (accorte)
loro	si sono alzati (alzate)	si sono accorti (accorte)

○ Maria, a che ora ti sei alzata stamattina?（再帰動詞）
マリーア、今朝何時に起きたの？

● Mi sono alzata alle sei.
6 時に起きたわよ。

○ Ragazzi, vi siete divertiti?（再帰動詞）
君たち、楽しんだかい？

● Certo, ci siamo divertiti tantissimo!
もちろん、すごく楽しんだよ。

Quelle ragazze non si sono accorte di me.（代名動詞）
あの女の子たちは僕に気づかなかったよ。

Esercizi

1. 次の動詞の過去分詞を書きましょう。

1) andare _____   2) amare _____

3) sentire _____   4) vendere _____

5) ricordare _____   6) dormire _____

7) parlare _____   8) partire _____

9) telefonare _____   10) uscire _____

11) ricevere _____   12) studiare _____

2. 左の不定詞と、それに対応する右の過去分詞を結びつけましょう。

不定詞   過去分詞

1) bere •   • a) aperto

2) dire •   • b) morto

3) aprire •   • c) letto

4) venire •   • d) chiesto

5) chiudere •   • e) detto

6) chiedere •   • f) bevuto

7) scrivere •   • g) nato

8) leggere •   • h) venuto

9) nascere •   • i) chiuso

10) morire •   • l) scritto

3. 次の動詞の助動詞は avere, essere のいずれかです。グループ分け
しましょう。

> fare / camminare / prendere / andare / tornare /
> uscire / bere / chiedere / venire / partire

1) [avere] のグループ	2) [essere] のグループ

4. 次の空欄に適切な助動詞を入れ、さらに過去分詞の語尾も正しく加
えて、文を完成させましょう。

例 Ieri noi *abbiamo* telefon*ato* a Licia a Matera.

1) La settimana scorsa Maria _____ partit__ per Roma.

2) Io e Laura _____ andat__ a fare compere.

3) Lisa, _____ tornat__ a scuola oggi?

4) (tu) _____ già mangiat__?

5) Sandro e Giulia _____ bevut__ troppo!

6) Stamattina (io) _____ dormit__ fino a tardi.

7) Le bambine _____ uscit__ a giocare in giardino.

8) (Voi) _____ pres__ il treno per Roma?

9) Lei _____ chius__ la televisione, non io!

10) Siamo stanchi perché _____ lavorat__ tutto il giorno.

5. 次の現在形の文を、近過去に書き換えましょう。

例 Michele torna a casa tardi. ➡ *Michele è tornato a casa tardi.*

1) Carlo, ti fai la doccia?

_____

2) Ragazzi, vi divertite alla partita?

_____

3) Scrivo a mia zia ogni settimana.

_____

4) Parlo spesso con loro, sono simpatici!

_____

5) Per la festa di Andrea, noi ci vestiamo tutti di rosso.

_____

6) Quando partite per il Giappone?

_____

7) I miei amici si preparano già a partire per le vacanze.

_____

8) Leggo sempre romanzi d'amore.

_____

9) Mi diverto tanto con Gabriella.

_____

10) La lezione finisce alle 12 e mezzo.

_____

6. （　　）内の動詞を近過去に直し、会話文を完成させましょう。

1) ○ Dove _____ ieri a pranzo? (essere/tu)

   ● _____ da mia nonna. (mangiare)

2) ○ Vi _____ San Gimignano? (piacere)

   ● Sì, moltissimo! _____ un bel giro. (fare)

3) ○ Quando _____ ? (arrivare/loro)

   ● Verso le 3 del pomeriggio.

4) ○ Come _____ la domenica? (passare/loro)

   ● _____ fino a mezzogiorno. (dormire)

5) ○ _____ le lasagne? (piacere/tu)

   ● Non molto.

6) ○ Come _____ Gino ieri sera? (sembrare/voi)

   ● Be', noioso come al solito!

7. 次の文をイタリア語にしましょう。指定の動詞を用いること。

1) カルロは昨日出発しました。(partire)

   _____

2) ジュリアは今朝到着しました。(arrivare)

   _____

3) 彼らはタクシーに乗りました。(prendere)

   _____

4) 彼女たちは7時に起きました。(alzarsi)

   _____

5) 私たち(女)はライトを消して、寝ました。(spegnere, andare a letto)

   _____

6) 君たちはいつ知り合ったの？(conoscersi)

   _____

7) 私はロッシ教授（男）にあいさつをしました。(salutare)

_____

8) 授業はもう終わりました。(finire)

_____

9) 彼らの赤ちゃん（女）は 12 月に生まれました。(nascere)

_____

10) マリーアはこのレストランが気に入りました。(piacere)

_____

8. 与えられた語句は、ロザルバさんのメモです。例にならって、彼女
が行ったことを近過去の文に書き換えましょう。

例 estate — stare un mese al mare
➡ *In estate è stata un mese al mare.*

1) settembre — trascorrere una settimana in campagna

_____

_____

2) mese scorso — cominciare un nuovo lavoro

_____

3) due settimane fa — incontrare Giacomo

_____

4) scorso fine settimana — andare a cena fuori con Giacomo

_____

_____

5) l'altro ieri — uscire con le amiche

_____

6) martedì — prendere appuntamento dal dentista

_____

7) ieri sera — andare da sua madre

_____

8) stamattina — lavorare in ufficio

_____

9) oggi pomeriggio — rivedere e parlare con Giacomo

_____

_____

10) stanotte — fare le ore piccole

_____

9. 次の文はロザルバさんが自分の一日を語っているものです。1)～
16) の空欄に、語群から適切な動詞を選び、近過去に正しく直して、
文を完成させましょう。

Ieri 1) _____ una giornata terribile! 2) _____

tardi, 3) _____ in fretta il caffè e così 4) _____ la

maglietta. Allora 5) _____ un'altra maglietta e

6) _____ ancora più tardi. 7) _____ l'autobus per

mezz'ora e quando 8) _____ 9) _____ con un

sacco di gente.

In ufficio 10) _____ scusa per il ritardo al direttore e

poi 11) _____ tanto fino alle 6. Poi 12) _____ da

mia madre e 13) _____ con lei, ma 14) _____

come sempre e quindi dopo cena 15) _____ subito a casa

e finalmente 16) _____ guardando un bellissimo film in

tv.

chiedere / essere / bere / sporcarsi / tornare /
salire / mettersi / fare / passare / aspettare / litigare /
svegliarsi / arrivare / lavorare / cenare / rilassarmi

10. 女優ソフィア・ローレンに関するプロフィールを読み進めながら、各設問に答えましょう。

Sofia Villani Scicolone, in arte Sophia Loren, 1)nasce a Roma il 20 settembre del 1934. Abbandonata dal padre, 2)trascorre insieme alla madre e alla sorella Maria l'infanzia a Pozzuoli in gravi ristrettezze economiche che 3)diventano ancora più difficili durante la guerra. A 15 anni 4)torna a Roma in cerca di successo insieme alla madre e 5)partecipa a diversi concorsi di bellezza fra cui Miss Italia del 1950 dove 6)vince il titolo di Miss Eleganza.

7)Comincia allora a lavorare nel mondo del cinema avvantaggiata dalla sua bellezza ma, soprattutto, dalla sua indiscutibile bravura e la grande occasione le arriva nel 1951 quando 8)incontra il produttore Carlo Ponti che le 9)fa interpretare film di grande successo come "Carosello napoletano", "L'oro di Napoli" ecc.

Ponti diventa anche il marito di Sophia che sposa addirittura due volte perché il primo matrimonio, nel 1957, non risulta valido in quanto in Italia il divorzio non è ancora legale. È invece valido il matrimonio del 1966 in Francia.

A partire dal '56 la Loren 10)comincia a girare anche film di successo a Hollywood e nel '62 11)vince il Premio Oscar come migliore attrice nel film "La ciociara". Moltissimi sono i film interpretati dalla Loren, e molti sono anche i premi e i riconoscimenti ricevuti nel corso della sua lunga carriera.

Oggi Sophia Loren è considerata una delle più celebri attrici della storia del cinema.

設問［1］本文中の下線部 1) 〜 11) の動詞をすべて近過去の形に書き換えましょう。

1) ＿＿＿＿＿＿＿   2) ＿＿＿＿＿＿＿   3) ＿＿＿＿＿＿＿

4) ＿＿＿＿＿＿＿   5) ＿＿＿＿＿＿＿   6) ＿＿＿＿＿＿＿

7) ＿＿＿＿＿＿＿   8) ＿＿＿＿＿＿＿   9) ＿＿＿＿＿＿＿

10) ＿＿＿＿＿＿＿   11) ＿＿＿＿＿＿＿

設問［2］次の a) 〜 e) を読み、本文の内容と合っていれば V、間違っていれば F にチェックしましょう。

a) Sophia è cresciuta in una famiglia benestante.　　　　V / F

b) Sophia ha colto la grande occasione per diventare attrice dopo il 1950.　　　　V / F

c) Carlo Ponti non è solo il suo produttore, ma è anche suo marito.

　　　　V / F

d) Sophia è veramente bella, ma non è tanto brava a recitare.　V / F

e) Il film "La ciociara" le ha portato il Premio Oscar.　　V / F

4 近過去と代名詞の組み合わせ
Passato prossimo con pronomi

❶ 近過去 ＋ 直接目的語代名詞

直接目的語代名詞を伴う場合には、代名詞の性と数に合わせて、過去分詞の語尾を変化させます。

1) lo, la ＋ avere ＋過去分詞

単数 lo, la の場合、助動詞 avere と結合して、過去分詞が語尾変化します。

○ Avete conosciuto Paolo?
あなたたちはパオロと知り合いましたか？

● Sì, l'abbiamo conosciuto. (l'abbiamo = lo ＋ abbiamo)
はい、彼と知り合いました。

○ Avete conosciuto Maria?
あなたたちはマリーアと知り合いましたか？

● No, non l'abbiamo conosciuta. (l'abbiamo = la ＋ abbiamo)
いいえ、彼女とは知り合いませんでした。

2) li, le ＋ avere ＋過去分詞

複数 li, le の場合、助動詞 avere とは結合しませんが、過去分詞は語尾変化します。

○ Hai comprato quei pantaloni? ● Sì, li ho comprati.
あのパンツを買ったの？ はい、買いました。

○ Hai comprato quelle scarpe? ● No, non le ho comprate.
あの靴を買ったの？ いいえ、買いませんでした。

3) mi, ti, ci, vi ＋ avere ＋過去分詞

mi, ti, ci, vi の場合は、代名詞が示す人の性と数に合わせます。ただし、一般にこの場合は、必ずしも過去分詞を語尾変化させる必要はありません。

Andrea ci ha invitati a una festa a casa sua. (ci ha invitato でも可)
アンドレーアは私たちを自宅のパーティーに招いてくれました。

❷ 近過去 ＋ 代名詞的小辞 ne

ne は、数量を表す数詞、名詞、代名詞を伴います。近過去が ne を伴うとき、その〈数量の部分〉に合わせて、過去分詞が語尾変化します。

○ Stefano, quanti biglietti natalizi hai spedito quest'anno?
ステーファノ、今年はクリスマスカードを何通送ったの？

● Ne ho spediti dieci. (= dieci biglietti)
10 通送ったよ。

○ Paola, hai già letto tutte queste riviste?
パオラ、これらの雑誌は全部読んだの？

● No, non ne ho letta nessuna. (= nessuna rivista)
いいえ、まだ何も読んでないわ。

○ Laura, hai assaggiato il vino?
ラウラ、ワインを飲んでみた？

● Sì, ne ho assaggiato un po'. (= un po' di vino)
ええ、少し飲んでみたわ。

❸ 近過去 ＋ 間接目的語代名詞

間接目的語代名詞は、過去分詞の語尾に影響を与えません。

○ Che cosa hai comprato ai tuoi figli?
あなたは子供たちに何を買ったの？

● Gli ho comprato una bella maglietta.
彼らにはすてきなTシャツを買いました。

○ Avete visto Paola a scuola?
あなたたちは学校でパオラに会ったの？

● Sì, e le abbiamo detto della festa.
ええ、それで彼女にパーティーのことを言いましたよ。

❹ 補助動詞の近過去 ＋ 直接目的語代名詞

補助動詞が用いられるとき、代名詞は 2 通りの位置が可能になります。

1) 〈代名詞 ＋ avere ＋ 過去分詞〉の語順の場合

過去分詞が代名詞の性と数にしたがって語尾変化します。

a) Ho potuto prenotare quella camera.
私はその部屋を予約できました。

a') L'ho potuta prenotare.
それを予約できました。

2) 〈不定詞 ＋ 代名詞〉の語順の場合

不定詞に代名詞が結合します。このとき、過去分詞は語尾変化しません。

a) Ho potuto prenotare quella camera.

a'') Ho potuto prenotarla.
（訳は上に同じ）

1. 例のように文中の直接目的語を代名詞に置き換え、さらに過去分詞
の語尾を加え、全文を正しく書き換えましょう。

例 Ho comprato questa macchina il mese scorso.

➡ *L'*ho comprat*a* il mese scorso.

1) Hai sentito Loretta stamattina?

＿＿＿＿＿ hai sentit＿＿?

2) Non ho mai capito la matematica.

Non ＿＿＿＿＿ ho mai capit＿＿.

3) Ho incontrato mio fratello nel parco.

＿＿＿＿＿ ho incontrat＿＿ nel parco.

4) Abbiamo controllato tutte le uscite.

＿＿＿＿＿ abbiamo controllat＿＿ tutte.

5) Avete spento la luce e il televisore?

＿＿＿＿＿ avete spent＿＿?

6) Maria ha già fatto la valigia.

＿＿＿＿＿ ha già fatt＿＿.

7) In quel bar ho bevuto un caffè buonissimo.

In quel bar ＿＿＿＿＿ ho bevut＿＿ buonissimo.

8) Hai aperto la porta?

＿＿＿＿＿ hai apert＿＿?

9) Ho appena letto il giornale.

＿＿＿＿＿ ho appena lett＿＿.

10) L'altra sera ho invitato a cena i miei suoceri.

L'altra sera ＿＿＿＿＿ ho invitat＿＿ a cena.

2. 例のように、上の質問に対して、代名詞を正しく使って答えましょう。

例 ○ Quando hai spedito le lettere?

● *Le ho spedite* stamattina.

1) ○ Quando avete visto quei ragazzi?

● _____ l'altro ieri.

2) ○ Hai preso tu i miei occhiali da sole?

● No, non _____ io.

3) ○ Chi ha preparato la cena?

● _____ mia madre.

4) ○ Quanto hai pagato quell'anello?

● _____ tantissimo!

5) ○ Giulia ha letto il mio messaggio?

● Sì, _____.

6) ○ Avete già salutato i vostri amici?

● Sì, _____ poco fa.

7) ○ Per quando hai fissato l'appuntamento dal dentista?

● _____ per martedì.

8) ○ Hai controllato l'orario del treno?

● No, non _____ ancora.

9) ○ Dove hai parcheggiato l'auto?

● _____ vicino alla chiesa.

10) ○ Chi ha dipinto questi affreschi?

● _____ Michelangelo.

3. 下線部の動詞を近過去に換えましょう。文脈から必要があれば、代名詞的小辞 ci を用いて全文を完成させてください。

Ieri io 例andare a Firenze e 1)girare per tutto il centro della città. 2)Andare da solo verso le 10 del mattino e 3)rimanere fino alle 7 di sera. 4)Andare in treno e 5)stare molto bene: 6)vedere il Duomo, gli Uffizi, Palazzo Vecchio..., 7)camminare tantissimo! Però 8)solo passare da Santa Croce e a Piazzale Michelangelo non 9)andare, ma spero di tornare a Firenze molto presto.

例 *sono andato*

1) _____ 2) _____ 3) _____

4) _____ 5) _____ 6) _____

7) _____ 8) _____ 9) _____

4. 代名詞的小辞 ci または ne を用い、さらに過去分詞の語尾を加え、文を完成させましょう。

例 ○ Con chi siete andati al concerto?
● *Ci* siamo andati con Massimo.

1) ○ Quante ore siete rimasti a Venezia?

● _____ siamo rimast___ solo due ore.

2) ○ Hai mangiato la pizza?

● _____ ho mangiat___ solo metà.

3) ○ Avete fumato molte sigarette?

● No, non _____ abbiamo fumat___ nessuna.

4) ○ Come sei tornato a casa ieri?

● _____ sono tornat___ in taxi.

5) ○ Scrivi molte cartoline?

● Sì. Oggi _____ ho già scritt___ dieci.

6) ○ Quando siete andate a Parigi?

● _____ siamo andat___ l'estate scorsa.

44

7) ○ Lei è mai stata a Venezia?

    ● No, non _____ sono ancora stat__.

8) ○ Hai comprato la frutta?

    ● Sì, _____ ho comprat__ due chili.

9) ○ Quanto tempo siete rimasti a Pisa?

    ● _____ siamo rimast__ una settimana circa.

10) ○ Hai fatto gli esercizi?

    ● _____ ho fatt__ solo uno.

5. 次の現在形の文を近過去に書き換えましょう。

例 Ti piacciono le mie amiche? ➡ *Ti sono piaciute le mie amiche.*

1) Mi piace tanto la vostra villa.

———————————————————————————

2) Mario ci offre spesso da bere.

———————————————————————————

3) Lucia mi sembra un po' insicura.

———————————————————————————

4) Mi dice sempre bugie!

———————————————————————————

5) Quel bimbo ci sorride.

———————————————————————————

6) Marco mi risponde sempre male.

———————————————————————————

7) Ti piace la musica classica?

———————————————————————————

8) Quei libri non mi piacciono affatto.

9) Gli scrivo e gli dico di venire a trovarmi.

10) Le parlo sempre bene di lui.

6. （　　）内の動詞を近過去に換え、代名詞を適切に使いながら、文意が通るように完成させましょう。

例　Giovanni l'ha chiamata e *le ha chiesto* scusa. (chiedere)

1) Ho invitato a cena Maria e _____ un anello. (regalare)

2) Quando ho visto Sandra, _____ tutto. (spiegare)

3) Maddalena è venuta da me, _____ un caffè e _____ un pezzo di torta. (fare, offrire)

4) Dina ha telefonato a noi ieri sera e _____ che è molto felice a Venezia. (dire)

5) Non ho riferito il tuo messaggio a Licia, me _____ proprio _____! (dimenticarsi)

6) Il letto di mia nonna è troppo duro, _____ malissimo. (dormire)

7) Ho mangiato io le fragole, ma non tutte, _____ solo alcune. (prendere)

8) Cosa è successo a Michele? _____ più nulla? (sapere)

9) Urbino è una città davvero affascinante! _____ due volte. (andare)

7. まず文中の直接・間接目的語を代名詞に換えましょう。さらに、文全体を近過去に書き換えましょう。

例 Faccio vedere le foto ai miei amici.

➡ *Gliele faccio vedere.* ➡ *Gliele ho fatte vedere.*

1) Facciamo vedere la nostra bambina ai genitori di mia moglie.

_____

_____

2) Luigi vende la macchina a Paolo.

_____

_____

3) Mando dei fiori a Giovanna.

_____

_____

4) Mia sorella presta spesso a me i suoi vestiti.

_____

_____

5) Date la merenda ai bambini?

_____

_____

6) Ordiniamo le pizze al cameriere.

_____

_____

7) Antonio paga il conto alla cassa.

_____

_____

8) L'insegnante insegna a noi la grammatica.

_____

_____

9) La tv e i giornali danno a noi le notizie.

_____

_____

10) Sara mi dice che vuole andare in Francia.

_____

_____

8. 次の質問に対して、さまざまな代名詞を適切に用いて答えてみましょう。

例 ○ Chi ti ha dato le chiavi?　● *Me le ha date* Filomena.

1) ○ Chi ha mandato il fax al direttore?

　● _____ io.

2) ○ Ti ho già presentato mio marito?

　● Sì, _____ già _____.

3) ○ Come ti è sembrata Elena?

　● _____ simpatica.

4) ○ A tuo padre piace l'Opera?

　● _____ moltissimo.

5) ○ Hai telefonato a Rita ?

　● Sì, _____ poco fa.

6) ○ Avete chiesto al vigile l'informazione?

　● No, non _____ ancora.

7) ○ Le hai regalato gli orecchini?

　● No, non _____.

8) ○Ti hanno consegnato il passaporto?

   ● Sì, _____ ieri.

9) ○ Signora, Le è piaciuto lo spettacolo?

   ● Sì, _____ abbastanza.

10) ○ Hai spedito il pacco a tua sorella?

   ● No, non _____ ancora.

9. 次の文を和訳しましょう。その際、代名詞の訳は省略しないでください。

例 Compro un panino al bar e lo mangio al parco.

➡ 私はバールでパニーノを買って、それを公園で食べます。

1) Ho visto Pietro e gli ho detto di venirci a trovare.

_____

_____

2) Siccome Erica è molto stanca, le ho consigliato di riposarsi.

_____

3) Oggi è il compleanno di Saverio e gli ho preparato una cena speciale.

_____

_____

4) Sono andata alla mostra di Dalí e ci ho portato anche mio figlio.

_____

_____

5) Questo vino è buonissimo, ne abbiamo già finita una bottiglia.

_____

_____

6) Sara è testarda! Gliel'ho detto tante volte di non fare così.

_____

7) Tina è sempre in ritardo, l'ho aspettata per un po' e poi sono andata via.

_____

_____

8) Mi è sembrato di vedere mia moglie in quel negozio.

_____

10. 次の会話文を読み進めながら、（　　）内の代名詞から正しいものを選び、全文を完成させましょう。

La truffa dell'anello

A: Allora, cosa 例 (*ti* / li / le) è successo? ➡ *ti*

B: Una cosa davvero incredibile! Stamattina sono andata in centro a fare compere e ad un certo punto ho visto un uomo venire verso di me. All'improvviso 1) (gli / si / lo) è piegato e ha raccolto un anello d'oro da terra.

A: Un anello d'oro?

B: Bè, in quel momento 2) (si / loro / mi) è sembrato proprio d'oro. Poi l'uomo 3) (mi / lo / le) si è avvicinato e 4) (mi / ti / li) ha detto: "È suo, signora?"

A: E tu che 5) (gli / lo / la) hai risposto?

B: No, naturalmente! Allora lui 6) (me l' / me li / me lo) ha dato ma 7) (mi/gli/ci) ha chiesto di dargli in cambio 50 euro… e io 8) (gliela / gliele / glieli) ho dati…

A: E poi?

B: Poi ho portato subito l'anello in una gioielleria e 9) (lo / l' / li) ho fatto valutare…

A: E che 10) (mi / li / ti) hanno detto?

B: Che non vale nemmeno 50 centesimi! E che quell'uomo 11) (li / mi / si) ha derubato dei soldi come è successo a molte altre persone! questa faccenda 12) (la / lo / le) chiamano la truffa dell'anello.

実践イタリア語コラム *2*

メールの書き方 **2**

会社や団体などへ送る公式文書としてのメールの書き方を学びましょう。

(1) <u>Gentile signor Guidi,</u>

(2) <u>mi occupo di importazione di prodotti alimentari e di vino italiano in Giappone per la ditta X.</u> La nostra ditta sarebbe interessata all'acquisto ed all'esportazione dei vostri formaggi, in particolare del *caciocavallo*, ma prima di intraprendere una relazione commerciale con voi avremmo bisogno di maggiori informazioni sul prodotto, informazioni che vi preghiamo inviarci al più presto, se possibile.

   In attesa di una Sua gentile risposta Le auguro buona giornata.

(3) <u>Distinti saluti</u>

   Akira Yamamoto

［訳］拝啓グイーディ様　私は日本のＸ社で食料品やイタリアのワインの輸入に携わっています。弊社は、御社のチーズ、特にカチョカヴァッロの買い入れとその輸出に興味を持っていますが、商取引関係を結ぶ前に、製品に関するより詳しい情報が必要です。よろしければ、至急情報をお送り頂けますようお願い致します。よいお返事をお待ちしています。よい一日をお過ごしください。敬具。山本明

(1) 宛名：Gentile（Gent. または Gent.mo（男）, Gent.ma（女）という略語形もある）や Egregio を用いるのが一般的です。さらに Signor, Signora などの敬称や Dottore, Direttore などの役職名を用いると敬意を示すことができます。

   例）Gentile Dottor Rossi,（相手の名前を知らない場合）Egregio Direttore, All'attenzione del Direttore Responsabile など。

(2) 書き出し：メールを送る理由から始めるのが一般的です。La contatto per...「…のために連絡を取っています」, Le scrivo a proposito di...「…の件でこのメールを書いています」などと書き出せば、よりわかりやすいでしょう。

(3) 結び：「敬具」に相当する表現としては、ほかに Cordiali saluti や Cordialmente があります。

使役動詞・放任動詞
Verbi causativi

▎使役動詞

❶ 使役動詞 fare の用法

〈fare ＋ 不定詞〉で「～させる」と使役を表します。

1) 不定詞が自動詞のとき

a) 〈fare ＋ 自動詞 ＋ 動作主を表す名詞〉の語順で表します。

Faccio entrare **la mia segretaria** nella stanza.
私は秘書を部屋に入れます。

※この文では、主語は「私」ですが、「入る」行為をするのは「秘書」です。この「秘書」に相当する名詞を「動作主」といいます。

b)「動作主」を代名詞に置き換える場合、直接目的語代名詞を用います。

La faccio entrare nella stanza. (la = la mia segretaria)
私は彼女を部屋に入れます。

c) 〈fare の不定詞 ＋ 動詞 ＋ 代名詞〉の場合

使役の fare が不定詞で用いられ、さらに代名詞も用いられるときには、fare に代名詞を結合させます。

Ho esitato a **farla entrare** nella stanza.
私は彼女を部屋に入れるのをためらいました。

d) 補助動詞（従属動詞）が伴われた場合

代名詞は 2 通りの位置が可能です。

Non **la** vuole **fare** entrare nella stanza.
＝ Non vuole **farla** entrare nella stanza.
彼は彼女を部屋に入れたくありません。

2) 不定詞が他動詞のとき

a) 〈fare ＋ 他動詞 ＋ 直接目的語 ＋ a（または da）＋ 動作主を表す名詞〉の語順で表します。

Faccio *vedere il biglietto* **al controllore**.
私は切符を検札係に見せます。

※この文の「動作主」は「検札係」ですが、イタリア語では al controllore と前置詞 a を伴った間接目的語になっていることに注意します。

b)「動作主」を代名詞に置き換える場合

間接目的語代名詞を用います。

Gli faccio vedere *il biglietto*. (gli = al controllore)
私は彼に切符を見せます。

c) さらに直接目的語も代名詞になった場合

　　代名詞の結合形になります（Capitolo 1 参照）。

Glielo faccio vedere. (glielo = al controllore + il biglietto)
私は彼にそれを見せます。

d) fare も不定詞になる場合

　　1) の「不定詞が自動詞のとき」と同様になります。

Basta **fargli vedere** il biglietto per entrare.
入場するには、彼に切符を見せるだけでよい。

Gli devi **fare** vedere il biglietto. = Devi **fargli** vedere il biglietto.
彼に切符を見せなければならないよ。

e) ほかの〈a + 名詞〉との区別を要するか、動作主を強調する場合に、「動作主」に da を用います。

Faccio mandare questo fax **al cliente** *da Giulia*.
私はジュリアに、このファックスを顧客に送らせます。

❷ 〈farsi + 不定詞〉の用法

この場合、「自分に（を）～させる、～してもらう」の意味になります。

a) 代名詞が直接目的語の場合、この代名詞が「動作主」になります。

Maria **si fa notare** moltissimo.
マリーアは大変目立っています。
※ si は直接目的語「自分を～させる」

b) 代名詞が間接目的語の場合、「動作主」は da を用いて表されます。

Mi faccio tagliare i capelli **da mia madre**.
私は母に髪を切ってもらいます。
※ mi は間接目的語「自分に～してもらう」
※※いずれも代名詞の位置など、用法は使役動詞 fare と同じです。

c) 補助動詞（従属動詞）が伴われた場合、代名詞は 2 通りの位置が可能です。

Mi voglio fare tagliare i capelli da mia madre.
　= **Voglio farmi** tagliare i cappelli da mia madre.
私は母に髪を切ってもらいたい。

放任動詞

❶ 放任動詞 lasciare の用法

〈lasciare + 不定詞〉で「〜させておく」「〜のままにしておく」の意味になります。語順、代名詞を伴う用法などは、使役動詞 fare の規則と同じです。

I pescatori **lasciano andare** i pesci.
漁師たちは魚を逃がします。

I pescatori hanno deciso di **lasciarli andare**. (li = i pesci)
漁師たちはそれらを逃がすことに決めました。

Mi puoi **lasciare dormire** ancora un po'?
= Puoi **lasciarmi dormire** ancora un po'?
もう少し寝かせてくれない？

❷ 〈lasciarsi + 不定詞〉の用法

この場合、「自分に（を）〜させておく」「〜されるがままになる」の意味になります。また、動作主（「〜によって」）を示すときには前置詞 da を用います。

Giacomo **si lascia crescere** i baffi.
ジャーコモはひげを伸びるがままにしています。

L'avvocato **si è lasciato sfuggire** la verità per incompetenza.
弁護士はうっかり真相を漏らしてしまいました。

La nonna di Paolo **si è lasciata abbindolare** <u>da</u> quella commessa viaggiatrice.
パオロの祖母は、あの訪問販売の女性にだまされてしまいました。

Chi si trova in una posizione di comando, non deve **lasciarsi guidare** <u>da</u> interessi personali.
人の上に立つ者は、私利私欲にしたがってはいけない。

Esercizi

1. 例のように間接目的語 a Mario を加え、使役の文「〜させる」に
書き換えましょう。

例 Porto le valige. ➡ *Faccio portare le valige a Mario.*

1) Preparo un caffè.

_____

2) Studio musica.

_____

3) Mangio la pasta.

_____

4) Guardo un film.

_____

5) Scrivo una lettera.

_____

6) Faccio i compiti.

_____

2. 例のように直接目的語 Mario を加え、使役の文「〜させる」に書
き換えましょう。

例 Vado dal mio cliente. ➡ *Faccio andare Mario dal mio cliente.*

1) Vengo in ufficio.

_____

2) Entro nello studio.

_____

3) Lavoro come commesso.

_____

4) Rimango a casa.

_____

5) Telefono con il mio cellulare.

_____

6) Passo dalla porta principale.

_____

3. 例のように、下線部の目的語を代名詞に置き換えましょう。

例 Faccio cucinare <u>a mia madre</u> <u>il mio piatto preferito</u>.

➡ _Glielo faccio cucinare._

1) Mamma, mi lasci mettere <u>la tua collana</u>?

_____

2) Il direttore non ci fa mai usare <u>il computer</u>.

_____

3) Faccio prendere <u>le medicine</u> <u>al bambino</u>.

_____

4) Il maestro oggi ha lasciato uscire prima <u>gli studenti</u>.

_____

5) Il presidente ha fatto chiamare <u>l'impiegato</u> nel suo ufficio.

_____

6) Maria vi ha fatto vedere <u>la foto del suo fidanzato</u>?

_____

7) La mamma ha fatto riordinare <u>la camera</u> <u>a sua figlia</u>.

_____

8) Luisa ha lasciato decidere <u>ai figli</u> <u>la meta delle prossime vacanze</u>.

_____

4. 次の文を読み、どの職業（立場）の人の言葉なのか、下の語群から
選んで答えましょう。

1) Signorina, faccia entrare il prossimo paziente.

_____

2) Le faccio portare subito i bagagli in camera.

_____

3) Non lascio mai uscire i miei figli da soli.

_____

4) Signora, la spesa gliela faccio portare a casa dal ragazzo.

_____

5) Come glieli faccio oggi i capelli? Lisci o ricci?

_____

6) Le faccio mandare al più presto un fax dalla mia segretaria.

_____

7) A Natale ti faccio conoscere i miei.

_____

> il portiere dell'albergo / la mamma / il negoziante /
> il parrucchiere / il manager / il fidanzato / il dottore

5. 文意に合うように代名詞を正しく入れ、文を完成させましょう。

例 Non mangiare ancora la torta, lasciala raffreddare un po'.

1) La spesa è pesante e _____ faccio portare a casa a mio marito.

2) In centro c'era il corteo, _____ hanno lasciato passare i vigili.

3) Il cane vuole giocare, non puoi lasciar _____ andare in
giardino?

4) La mia bambina ha ancora sonno, ma non posso lasciar _____ dormire troppo!

5) Oggi il mio papà è di pessimo umore, lascia _____ stare!

6) Maria non sa dove è il bagno, fa _____ vedere tu.

6. 次の文を和訳しましょう。

1) Mio padre non mi lascia uscire la sera, soprattutto d'inverno.

_____

2) Lasciamo perdere, tanto non capiresti mai!

_____

3) A Giulia piace farsi corteggiare dai ragazzi.

_____

4) Si è lasciato vincere dalla stanchezza e non è uscito.

_____

5) L'insegnante ci ha lasciato ripassare prima dell'interrogazione.

_____

6) Gli alunni si sono fatti ingannare dall'apparente facilità degli esercizi.

_____

7) Mi sono lasciata convincere, come sempre, da Mario.

_____

8) Non farti impressionare dal suo atteggiamento altezzoso.

_____

9) Lasciati guidare dall'istinto e non sbaglierai.

_____

10) Non lasciarti abbindolare dalle sue promesse.

_____

7. 次の会話文を読みながら、空欄に適切な代名詞（または代名詞の組み合わせ）を入れ、全文を完成させましょう。

Sara: Livia, cosa mangia di solito il tuo bambino?

Livia: Mah, è ancora molto piccolo, quindi mangia solo a pranzo… più che altro 1) _____ faccio bere il latte… e lui, per fortuna, ne beve molto!

Sara: E a pranzo cosa mangia?

Livia: A pranzo 2) _____ faccio mangiare delle pappe a base di brodo, pastina, carne o pesce e verdure frullate…

Sara: Sembra buono… gli piace?

Livia: Sì, molto. Anche perché condisco tutto con olio extravergine d'oliva e parmigiano… e poi 3) _____ lascio anche mangiare da solo, e gli piace pasticciare…

Sara: E l'uovo? 4) _____ già fai assaggiare?

Livia: Sì, ma solo il tuorlo perché l'albume provoca allergie, quindi preferisco aspettare ancora un po'…

Sara: E a merenda cosa gli dai?

Livia: Di solito frutta frullata ma a volte 5) _____ faccio mescolata allo yogourt e 6) _____ lascio mangiare con i biscotti.

Sara: … 7) _____ fai venire voglia di mangiare… e di un bebè!

半過去
Imperfetto

❶ 半過去の規則活用

すべて -vo, -vi, -va, -vamo, -vate, -vano という共通の語尾を持ちます。

	are 動詞 lavorare 働く	ere 動詞 avere 持つ	ire 動詞 dormire 眠る
io	lavora**vo**	ave**vo**	dormi**vo**
tu	lavora**vi**	ave**vi**	dormi**vi**
lui/lei/Lei	lavora**va**	ave**va**	dormi**va**
noi	lavora**vamo**	ave**vamo**	dormi**vamo**
voi	lavora**vate**	ave**vate**	dormi**vate**
loro	lavora**vano**	ave**vano**	dormi**vano**

❷ 半過去の不規則活用

代表的な例を紹介します。

	fare する	bere 飲む	dire 言う	essere いる、ある
io	fa**ce**vo	be**ve**vo	di**ce**vo	ero
tu	fa**ce**vi	be**ve**vi	di**ce**vi	eri
lui/lei/Lei	fa**ce**va	be**ve**va	di**ce**va	era
noi	fa**ce**vamo	be**ve**vamo	di**ce**vamo	eravamo
voi	fa**ce**vate	be**ve**vate	di**ce**vate	eravate
loro	fa**ce**vano	be**ve**vano	di**ce**vano	erano

※半過去の不規則形は、fa-**ce**-vo, be-**ve**-vo, … のように、語幹部（活用語尾の直前）に変化があらわれます。しかし、語尾は規則的であることに留意しましょう。essere は特別な形ですので、覚えてしまいましょう。

❸ 近過去と半過去の違い

Sto male, forse **ho mangiato** troppo.
気分が悪いよ。たぶん食べ過ぎたんだ。

近過去は、ある行為が「完了した」ことを表します。そのイメージを図で示すと、次のようになります。

ho mangiato

（私は食べた＝食べる行為を完了した）

上図の行為（食べた）の「前後が閉じている」というイメージは、その話し手が「完了した行為の全体」を踏まえて話していることを意味します。すなわち話者は、その行為の「始まり」と「終わり」を把握しているわけです。

Ieri sera a quest'ora **mangiavo** a casa.
昨夜の今頃、私は家で食事をしていました。

一方、それに対して半過去は、同じ過去の行為でも、その時点では「完了していない」、つまり「途中である」ことを表します。そのイメージは次の通りです。

············ **mangiavo** ············

(私は食べていた＝食べている途中だった)

　上図の点線は、その行為がその時点においては「継続中」であり、その始めや終わりは明確でないことを表します。

❹ 近過去と半過去の併用

　このように同じ過去の時間帯を表すものであっても、近過去と半過去では異なる意味内容を持っています。これらはしばしば同じ文脈の中で、混ぜて使われますので、内容の違いをしっかりと理解する必要があります。

Mentre **facevo la spesa** mi *hanno rubato* il portafoglio.
(途中)私は買い物をしていた　(完了)誰かが盗んだ
買い物をしていたら、私は財布を盗まれました。

Quando mi *hai telefonato* **facevo la doccia**.
(完了)あなたが電話をした　(途中)私はシャワーを浴びていた
あなたが電話をしてきたとき、私はシャワーを浴びていました。

Non sono andato a lavorare perché **avevo la febbre**.
(結果)僕は行かなかった　(状態)熱があった
熱があったので、僕は仕事に行きませんでした。

Ho trovato un vero amico quando **ero studente**.
(完了)私は見つけた　(状態)私は学生だった
私は学生時代に真の友を得ました。

❺ 過去の習慣を表す半過去

　「よく〜したものだった」「かつては〜だった」などと、過去に繰り返された行為や状態を表すために半過去が用いられます。

Quando ero bambino, d'estate **andavo** spesso al mare con mio cugino.
僕は子供の頃、夏になると従兄弟と一緒によく海へ行ったものです。

Laura mi **scriveva** sempre lettere, ma adesso scrive solo e-mail.
かつてラウラはいつも僕に手紙を書いてくれましたが、今は E メールしか書いてくれません。

Esercizi

1. 次の活用表を完成させましょう。

1) sapere	2) capire	3) essere	4) fare	5) avere	6) bere
sapevo					bevevo
	capivi			avevi	
		era	faceva		
		eravamo			
	capivate			avevate	
sapevano					bevevano

2. 次の会話は、コルティ氏 (il signor Corti) への質問です。例のように、会話にふさわしく答えを作ってみましょう。指示がある場合は、その動詞を用います。

例 ○ Che cosa faceva Lei in Sicilia? (andare a pesca.)

→ ● *Andavo a pesca.*

1) ○ Dove abitava quando era in Sicilia?

● _____ a Palermo.

2) ○ Si alzava presto la mattina?

● Sì, _____ verso le 6.

3) ○ Come era la sua camera?

● _____ piccola, ma confortevole.

4) ○ Lavorava anche?

● No, non _____,
_____ e basta. (rilassarsi)

5) ○ Aveva molti amici?

● Sì, ne _____ parecchi.

6) ○ Come trascorreva il fine settimana?

  ● Di solito _____. (uscire e incontrare qualcuno)

7) ○ Viaggiava molto?

  ● No, non _____ molto.
  _____ sempre a Palermo. (stare)

8) ○ Le piaceva stare in Sicilia?

  ● _____ molto, è stata una bella esperienza!

3. 文意が通るように、（　　）内の動詞を半過去に直しましょう。

1) Mentre Lisa _____ al telefono, il figlio _____ con l'acqua. (parlare, giocare)

2) Di solito noi _____ i compiti nel pomeriggio. (fare)

3) La giornata _____ bella, _____ il sole, ma _____ freddo. (essere, splendere, fare)

4) Mentre Giovanni _____ il caffè, Francesca _____. (preparare, chiacchierare)

5) Mentre io _____ i piatti, Lucia _____ la tavola. (lavare, sparecchiare)

6) Giuseppe _____ alto e magro, _____ gli occhi e i capelli scuri, _____ proprio un bel ragazzo! (essere, avere, essere)

7) Di solito io _____ nel parco, e Piero _____. (passeggiare, giocare col cane)

8) Mentre noi _____ _____ sempre la musica. (correre, ascoltare)

9) Al cinema mentre noi _____ il film, voi

_____ il popcorn. (guardare, mangiare)

10) Io _____ sempre contenta di uscire con Leandro,

_____ così simpatico! (essere, essere)

4. 文意をよく考えて、半過去または近過去を区別しながら文を完成させましょう。

例 *Ho visto* Simona ieri sera mentre *uscivo* dal ristorante.
(io vedere, uscire)

1) Quando la mia mamma _____ a casa, io

_____ con il mio ragazzo, Stefano, al telefono.

(tornare, parlare)

2) Mio fratello non _____ al lavoro perché

_____ male. (andare, stare)

3) _____ a Riccardo perché _____

invitarlo al cinema. (Noi telefonare, volere)

4) Mentre _____ a lavoro, _____

Rosa. (andare, incontrare)

5) Quando _____ a Roma, ogni giorno

_____ un monumento. (essere, visitare)

6) Lucia _____ le valigie e poi _____.

(preparare, partire)

7) _____ tutta l'acqua perché _____

molta sete. (io bere, avere)

8) _____ a casa mentre tutti _____ a

tavola. (noi (男) arrivare, essere)

9) Stamattina quando _____ _____

molto freddo. (io (女) uscire, fare)

10) Appena _____ a casa, _____ subito

il televisore. (io (男) arrivare, accendere)

5. 下線部の動詞を半過去または近過去に書き換えながら、全文を完成
させましょう。

Cara Simona,

come stai? È da tanto tempo che non ci sentiamo perché io e
Roberto siamo appena 例tornare da una settimana di vacanza in
Puglia, dove 1)noi stare benissimo!

2)noi/fermarsi in un albergo sul mare e tutte le mattine 3)noi/
alzarsi tardi, 4)fare una bella colazione e poi, 5)andare in spiaggia a
fare il bagno o un giro in barca.

Il pomeriggio 6)fare sempre qualche giro nei dintorni e 7)visitare
anche Alberobello, che è davvero un bel posto!

La sera però 8)essere spesso stanchi e non 9)uscire molto, di solito
10)fare una passeggiata sul lungomare, ma c'11)essere molti locali e
posti dove andare.

Insomma 12)divertirsi molto, e mi dispiace un po' di essere tornata
in città alla solita vita!

例 *tornati*

1) _____	2) _____
3) _____	4) _____
5) _____	6) _____
7) _____	8) _____
9) _____	10) _____
11) _____	12) _____

6. 現在形の文を過去の表現に変えましょう。文意から、半過去と近過去の使い分けが必要です。

例 Vado spesso a mangiare in quel ristorante.

➡ *Andavo spesso a mangiare in quel ristorante.*

1) Mio padre torna spesso a casa tardi.

_____

2) Maria prepara sempre ottimi pranzi.

_____

3) Andiamo spesso al cinema a vedere un film americano.

_____

4) Quel libro non mi piace e non lo finisco.

_____

5) Il giornale mi arriva tutte le mattine.

_____

6) Oggi vado a mangiare una pizza.

Ieri _____

7) Tutti gli anni vado in montagna a sciare.

_____

8) L'Opera mi piace molto e vado sempre a vederla.

_____

9) Marco si alza sempre presto per andare a lavoro.

_____

10) Arrivi in ritardo?

Stamattina _____

7. 文意をよく考え、半過去または近過去の表現を選んでください。

1) (Ho aperto / aprivo) la finestra e (ho visto / vedevo) che stava piovendo.

2) Da bambino (sono andato / andavo) ogni estate al mare.

3) (Ho parlato / parlavo) con Marta del suo nuovo ragazzo.

4) Quando (siamo arrivati / arrivavamo) al cinema, (abbiamo scelto / sceglievamo) il film da vedere.

5) Ieri sera Rosa (ha preparato/preparava) una nuova ricetta napoletana.

6) Oggi mentre (ho aspettato / aspettavo) il telegiornale (ho visto / vedevo) un documentario sugli animali.

7) Per il suo compleanno (ho regalato / regalavo) a mia sorella un libro.

8) Ieri mattina al mercato in piazza (ci sono state / c'erano) tante persone.

9) Mi (è piaciuto / piaceva) tanto andare alle feste quando (sono stata / ero) giovane.

10) Quando (siete usciti / uscivate) dal teatro, (ha piovuto / pioveva)?

8. 次の文は、ある有名人を紹介したものです。読み進めながら、指示された動詞を用い、全文を過去の表現で完成させましょう。

1) *Fosco Maraini:* <u>例 è nato</u> a Firenze nel 1912. Maraini

_____ un famoso scrittore etnologo orientalista.

_____ molto l'Oriente, in particolare il Giappone

che _____ in molti libri.

> ha raccontato / era / amava / 例 è nato

2) *Totò:* _____ in realtà Antonio De Curtis, ed

_____ un famosissimo attore comico e poeta

napoletano. In Italia è considerato uno dei più grandi interpreti

del teatro e del cinema italiano. Tutti lo _____

come il "Principe della risata".

> era / si chiamava / conoscevano

3) *Luciano Pavarotti:* _____ un famoso tenore italiano

ed _____ uno degli artisti italiani più apprezzati

nel mondo. La sua grande popolarità è dovuta non solo al grande

talento e alla sua brillante carriera, ma anche al fatto che

_____ molto per il sociale.

> si è impegnato / era / è stato

4) *Italo Calvino:* _____ un narratore italiano, forse, il

più importante del Novecento. Calvino _____ in-

fatti, un intellettuale di grande impegno politico, civile e cultu-

rale, autore di molti capolavori letterari. Per questo

_____ la Legion d'onore e gli

_____ il pianetino 22370 Italocalvino e un cratere

sul pianeta Mercurio.

> ha ricevuto / era / hanno dedicato/ è stato

実践イタリア語コラム *3*

イタリアの住宅 **1**

イタリア語で住宅についての解説を読んでみましょう。

Spesso quando si vuole affittare o comprare una casa non si parla di stanze ma di vani. Per vani però, si intendono solo le camere da letto, il soggiorno e il salotto; la cucina viene considerata un vano solo se è una *cucina abitabile. Quindi se trovate un annuncio in cui si parla di una casa di 3 vani con cucina abitabile, questa casa dovrebbe avere 5 stanze: 2 camere da letto, il soggiorno, la cucina e il bagno (anche se il bagno è una stanza, spesso negli annunci si parla di vani che si riferiscono alle camere da letto e al soggiorno, ma non al bagno perché sicuramente c'è).

*cucina abitabile= se la cucina è composta solo dall'angolo cottura senza il tavolo si chiama cucinotto, se invece ci entra almeno un tavolino per far mangiare 2 persone diventa una cucina abitabile, cioè una stanza dove non solo si cucina ma dove si può anche mangiare, quindi abitare.

［訳］
　家を借りたり、買ったりしたいときには、「部屋」（stanze＜stanza の複数）ではなく、「居住空間」（vani＜vano の複数）がよく話に出ます。この「居住空間」とは、寝室、リビングそして客間のみを意味します。キッチンはそれが「居住できるキッチン」（ダイニングキッチンに近いもの）であれば「居住空間」と見なされます。したがって、もし "3 vani con cucina abitabile"（3部屋とダイニングキッチン）という広告があれば、この家には5部屋、つまり2つの寝室とリビング、ダイニングキッチン、それにバス・トイレがあるはずです（バス・トイレは1つの部屋 (stanza) に数えますが、広告では寝室やリビングに関わる居住空間のことが書かれており、バス・トイレには触れられません、それは当然ついているからです）。

*cucina abitabile：テーブルがなく、調理台だけでできたキッチンは cucinotto（簡易キッチン）と言います。しかし、そこに少なくともテーブルが1つあり、2人が食事できるならば cucina abitabile と言えます。つまり、調理をするだけでなく食事もできる、すなわち居住できる部屋というわけです。

7 | 大過去
Trapassato prossimo

大過去は、近過去や半過去で表した〈過去のある時点〉より以前の出来事や行為を表す時制です。

❶ 大過去の作り方

> avere または essere の半過去 ＋ 過去分詞
> ※avere, essere いずれをとるかは、近過去と同じです。

❷ 大過去の活用

	助動詞 avere lavorare 働く	助動詞 essere partire 出発する	助動詞 essere alzarsi 起きる
io	avevo lavorato	ero partito/a	mi ero alzato/a
tu	avevi lavorato	eri partito/a	ti eri alzato/a
lui/lei/Lei	aveva lavorato	era partito/a	si era alzato/a
noi	avevamo lavorato	eravamo partiti/e	ci eravamo alzati/e
voi	avevate lavorato	eravate partiti/e	vi eravate alzati/e
loro	avevano lavorato	erano partiti/e	si erano alzati/e

❸ 大過去のイメージ

大過去 **trapassato prossimo**	近過去／半過去 passato prossimo / imperfetto	現在 presente

過去のある時点を基準として、〈それ以前〉は大過去 (trapassato prossimo) で、〈ある時点〉は近過去 (passato prossimo) または半過去 (imperfetto) で表されます。

❹ 大過去の用法

Quando i poliziotti *sono arrivati* a casa sua,
〈過去のある時点〉(彼らは)到着した

quell'indiziata *era già andata via*.
〈それ以前〉(彼女は)すでに姿を消していた
警官たちが家に着いたとき、その容疑者の女はすでに姿を消していました。

Stefano mi *ha detto* che *aveva già deciso* di cambiare casa.
〈過去のある時点〉(彼は)言った 〈それ以前〉(彼は)すでに決心した
ステーファノは私に、もう引っ越しすることに決めたと言いました。

Dopo che *avevo parlato con Lucia, ho telefonato a Marco*.
〈それ以前〉(私は)ルチーアと話した 〈過去のある時点〉(私は)マルコに電話をした
私はルチーアと話した後で、マルコに電話をしました。

— *Esercizi*

1. 例のように、適切な助動詞を活用させて入れ、大過去の表現を完成させましょう。

例 Gino è arrivato mentre facevo i compiti che l'insegnante ci *aveva* dato.

1) Quando Lucia è arrivata a casa, noi _____ appena finito di mangiare.

2) La bicicletta che io _____ comprato l'anno scorso si è già rotta.

3) Valerio ha poi sposato quella ragazza americana che _____ conosciuto a Roma.

4) Solo ieri abbiamo saputo che Anna _____ arrivata già da una settimana.

5) Non sapevo cosa _____ successo la sera prima.

6) Andrea non ha accettato il lavoro che io gli _____ offerto a Milano.

7) Ho ritrovato per caso una cartolina che mi _____ mandato Sabrina.

8) Ieri sono passato a trovarti ma tua madre mi ha detto che _____ già uscito.

9) Per fortuna ho ritrovato l'agenda dove _____ scritto gli indirizzi.

10) Ero sicuro che loro mi _____ detto una bugia.

2. 例のように、下線部の動詞を近過去に変え、全体の時制を一致させて書き換えましょう。

例 <u>Beviamo</u> il vino che ci hai regalato.

➡ *Abbiamo bevuto il vino che ci avevi regalato.*

1) <u>Lavo</u> i bicchieri che abbiamo usato per bere il vino.

_____

_____

2) <u>Rispondo</u> alle email che ho ricevuto dagli amici.

_____

_____

3) <u>Beviamo</u> lo spumante che ci hai regalato.

_____

_____

4) <u>Guardo</u> le foto che ho fatto durante il viaggio.

_____

_____

5) <u>Cucino</u> le verdure che ho comprato al mercato.

_____

_____

6) Sandra si <u>mette</u> la collana che le ha regalato sua madre.

_____

_____

7) <u>Esco</u> con gli amici che ho conosciuto in vacanza.

_____

_____

8) <u>Scrivo</u> le ricette che mi ha dato Adriana.

_____

_____

3. 次の疑問文に対して、返答の文を作りましょう。

例 ○ Era in casa Giorgio?　　● No, *era uscito.* (uscire)

1) ○ Hai perso il treno?

　● Purtroppo sì, quando sono arrivato al binario,
　_____. (partire-già)

2) ○ Dove siete andati?

　● Al bar dove _____. (incontrarsi)

3) ○ Perché eravate tanto stanche?

　● Perché la notte prima non _____. (dormire)

4) ○ C'era Antonio?

　● No, _____ già a casa. (tornare)

5) ○ È questa la tua nuova auto?

　● Sì, non l'_____ ancora _____? (vedere)

6) ○ Non avevate mai visitato Firenze prima?

　● No, non c'_____ mai _____.
　(stare)

7) ○ Perché gli hai telefonato?

　● Perché mi _____ ieri sera. (telefonare)

8) ○ E Maria dov'era?

　● _____ dai genitori. (rimanere)

9) ○ Perché non sei venuto all'appuntamento?

　● Perché non _____ l'ora. (capire)

10) ○ Tre anni fa avevi già smesso di studiare all'università?

　● No, _____ molto prima! (smettere)

4. 文意を踏まえ、近過去、半過去、大過去を適切に使い分けながら、全文を完成させましょう。

例 Anna *aveva* mal di testa perché *aveva studiato* troppo. (avere)

1) Stefano _____ tardi alla riunione perché _____ il treno. (arrivare, perdere)

2) Ieri _____ a scuola perché non _____ i compiti. (io non venire, fare)

3) Dopo che _____, _____ con le amiche. (io vestirsi, uscire)（主語は女性）

4) Bello questo film! Non l'_____ ancora _____! (io vedere)

5) Non _____ mai _____ in Sicilia prima d'ora. (io stare)（主語は男性）

6) A pranzo Michele _____ tanto perché la mattina non _____ colazione. (mangiare, fare)

7) Ieri _____ male perché _____ il raffreddore. (stare, prendere)

8) Quel giorno Luca _____ in ritardo perché _____ il treno. (arrivare, perdere)

9) Carlo _____ appena di fumare, quando _____ un'altra sigaretta. (finire, accendersi)

10) _____ quando _____ il postino. (Io uscire, arrivare)（主語は男性）

5. 次の文には時制の誤りがあります。その箇所を指摘し、正しい形に書き換えましょう。

例 Sono andato via perché <u>ho aspettato</u> abbastanza.
➡ *avevo aspettato*

1) Mi ha detto che molto tempo prima ha avuto una relazione con lui.

_____ ➡ _____

2) Sono passato in ufficio, Ilaria non c'era, aveva già uscita.

_____ ➡ _____

3) Non avevo potuto pagare perché avevo lasciato a casa il portafogli.

_____ ➡ _____

4) Mario ha già rotto l'orologio che gli regalo.

_____ ➡ _____

5) Eravamo senza macchina, Gianni l'ha portata dal meccanico.

_____ ➡ _____

6) Pioveva e non ha portato l'ombrello.

_____ ➡ _____

7) Me ne sono andato perché l'ho aspettato per un'ora!

_____ ➡ _____

8) Sono tornato a vedere lo spettacolo che ho già visto a Pisa e che mi è piaciuto tanto!

_____ ➡ _____

9) I bambini hanno mangiato la merenda che gli preparo.

_____ ➡ _____

10) Stefania era andata a letto subito dopo che era finito il programma alla tv.

_____ ➡ _____

6. 指定の語句を用い、次の文をイタリア語にしましょう。

例 私は母が私に作ってくれたケーキを食べました。
(mangiare la torta, mia madre, preparare)
➡ *Ho mangiato la torta che mi aveva preparato mia madre.*

1) 私は受け取ったプレゼントを開けました。(aprire i regali, ricevere)

_____

2) 僕はパオロが僕に貸してくれた本を読みました。
(leggere il libro, prestare, Paolo)

---

3) 夫が帰宅したとき、私はもう眠っていました。
(mio marito, tornare a casa, addormentarsi)

---

4) 彼は、母親が先週送った荷物を受け取りました。
(ricevere il pacco, sua madre, spedire, la settimana scorsa)

---

5) 僕たちが家を出たとき、雪はもうやんでいました。
(uscire di casa, smettere di nevicare)

---

6) 昨日僕は一日中歩いたので、疲れていました。
(essere stanco, camminare, tutto il giorno)

---

7) 私はなくしてしまった鍵を、ようやく見つけました。
(trovare finalmente le chiavi, perdere)

---

8) 私たちは招待しなかったのに、マルコはパーティーに来ました。
(venire alla festa, anche se, invitare)

---

7. 次の文を読みながら、抜けている動詞を下から選び、適切な過去の形に変化させて入れましょう。さらに全文を読んで、a)〜e)の設問にイタリア語で答えてみましょう。

Rapina in maschera

Ieri pomeriggio, verso le 16:30, due ladri hanno rapinato a Torino una filiale della Banca Unicredit. I ladri, due fratelli siciliani, erano venuti apposta da Catania per commettere il furto e

1) _____ il volto con le maschere di due noti politici italiani: Silvio Berlusconi e Marcello Dell'Utri.

Durante la fuga, dopo che 2) _____ il denaro, circa 70.000 euro, sono però stati bloccati dalla polizia e arrestati; è riuscito, invece, a scappare il complice che li aspettava fuori.

A dare l'allarme alla polizia è stata un'impiegata che 3) _____ in bagno da dove ha potuto telefonare di nascosto, mentre i suoi colleghi 4) _____ sotto controllo dai malviventi.

I rapinatori 5) _____ nella banca dal lato posteriore dopo che 6) _____ le sbarre di una finestra.

Certo fa riflettere la singolare scelta dei due ladri di indossare la maschera proprio di Berlusconi e del suo amico e collega Dell'Utri... volevano forse alludere a qualcosa?

> coprirsi / prendere / andare / tenere / entrare / segare

a) Da dove erano venuti i due ladri?

_____

b) Per quale motivo erano venuti a Torino?

_____

c) Quando sono stati arrestati?

_____

d) Come è riuscita a dare l'allarme alla polizia l'impiegata?

_____

e) Come sono entrati nella banca i due ladri?

_____

未来
Futuro semplice

これから先の行為や状態を表す未来の形には、独自の活用形を持つ「単純未来」と複合形で表す「先立未来（前未来)」があります。

❶ 単純未来の活用

活用語尾は常に一定の形で、-rò, -rai, -rà, -remo, -rete, -ranno となります。むしろ、これらの語尾とつながる語幹（変化しない部分）に注意が必要です。

	lavorare	prendere	partire
io	lavor**erò**	prend**erò**	part**irò**
tu	lavor**erai**	prend**erai**	part**irai**
lui/lei/Lei	lavor**erà**	prend**erà**	part**irà**
noi	lavor**eremo**	prend**eremo**	part**iremo**
voi	lavor**erete**	prend**erete**	part**irete**
loro	lavor**eranno**	prend**eranno**	part**iranno**

※語幹と語尾の接続部分が、-are 動詞では -erò などと変化することに注意。

▶ 単純未来の活用の注意点

1) 不定詞の語尾 -care, -gare, -ciare, -sciare, -giare

これらの動詞は語幹に注意します。

	cercare	spiegare	cominciare	lasciare	mangiare
io	cer**cher**ò	spie**gher**ò	comin**cer**ò	la**scer**ò	man**ger**ò
tu	cer**cher**ai	spie**gher**ai	comin**cer**ai	la**scer**ai	man**ger**ai
lui/lei/Lei	cer**cher**à	spie**gher**à	comin**cer**à	la**scer**à	man**ger**à
noi	cer**cher**emo	spie**gher**emo	comin**cer**emo	la**scer**emo	man**ger**emo
voi	cer**cher**ete	spie**gher**ete	comin**cer**ete	la**scer**ete	man**ger**ete
loro	cer**cher**anno	spie**gher**anno	comin**cer**anno	la**scer**anno	man**ger**anno

2) 不規則活用

これらの動詞は語幹と活用語尾のつなぎ方に注意します。

a) 語幹と活用語尾の間で <a> や <e> が脱落するタイプ

	avere	andare	dovere
io	avrò	andrò	dovrò
tu	avrai	andrai	dovrai
lui/lei/Lei	avrà	andrà	dovrà
noi	avremo	andremo	dovremo
voi	avrete	andrete	dovrete
loro	avranno	andranno	dovranno

b) -are 動詞でも活用語尾の前で <a> を維持するタイプ

	dare	fare	stare
io	darò	farò	starò
tu	darai	farai	starai
lui/lei/Lei	darà	farà	starà
noi	daremo	faremo	staremo
voi	darete	farete	starete
loro	daranno	faranno	staranno

c) 活用語尾の前で <rr> となるタイプ

	bere	rimanere	venire	tradurre
io	berrò	rimarrò	verrò	tradurrò
tu	berrai	rimarrai	verrai	tradurrai
lui/lei/Lei	berrà	rimarrà	verrà	tradurrà
noi	berremo	rimarremo	verremo	tradurremo
voi	berrete	rimarrete	verrete	tradurrete
loro	berranno	rimarranno	verranno	tradurranno

※上記の動詞は不規則活用の代表的なものです。ほかにも多くありますので、初めのうちはどの
　タイプにあてはまるのか辞書で確認するようにしましょう。

d) essere は独自の活用をするので覚えましょう。

	essere
io	sarò
tu	sarai
lui/lei/Lei	sarà
noi	saremo
voi	sarete
loro	saranno

❷ 単純未来の用法

これから先の動作や状態を表すほか、いくつかの意味を持ちます。

1) 未来の動作・状態・意思・予定

Sergio arriverà domani mattina verso le 10.
セルジョは明日の朝10時頃に着くでしょう。

○ Che progetti avete per le vacanze?
バカンスには、君たちはどんな予定があるの？

● Andremo in Sicilia e incontreremo gli amici.
私たちはシチリア島へ行って、友達に会う予定です。

2) 現在の事柄に対する推測

○ Dov'è Marco?　　● Non lo so. Sarà ancora in ufficio.
マルコはどこにいるの？　　知らないわ。まだ仕事じゃないかしら。

3) 命令・要請

Prenderai quel tanto che ti basterà!
必要なだけ取って。

❸ 先立未来の作り方

　単純未来が、これから先の一時点で起こるであろう動作や状態を表すのに対し、先立未来は、その一時点を基準にして、それ以前に完了するであろうことを表します。

> avere または essere の未来 ＋ 過去分詞
> ※avere, essere の区別は、近過去と同じです。

❹ 先立未来のイメージ

現在	先立未来	単純未来
presente	**futuro anteriore**	futuro semplice

　〈未来のある時点〉を単純未来 (futuro semplice) で表し、〈それ以前〉に完了するであろうことを先立未来 (futuro anteriore) で表します。

❺ 先立未来の用法

1) 未来に起こる 2 つの事柄について、先に完了することを表します。

Andremo a cena fuori dopo che *avremo finito* questo lavoro.
(未来の行為)(私たちは)夕食を食べに行くつもり　(それ以前に完了すること)この仕事を終えた後
私たちはこの仕事を終えてから、外へ夕食を食べに行くつもりです。

Quando *avrò finito* l'università, **farò** un lungo viaggio in Asia.
(先に完了すること)(私は)大学を終えたら　(未来の予定)長い旅をする予定
私は大学を終えたら、アジアを長く旅したいと思っています。

2) 過去の出来事に対する推測を表します。

○ A che ora è arrivato Enrico?
エンリーコは何時に着いたの？

● Mah, sarà stata mezzanotte.
さあね、午前 0 時ぐらいだったのではないかな。

Esercizi

1. 例のように、未来形の語尾を正しくつけましょう。すべて規則活用です。

例 Domani (io) parl*erò* con Andrea.

1) Noi cant_____ questa canzone al concerto.

2) Quando (voi) torn_____ in Francia?

3) (io) Prend_____ l'autobus e arriv_____ a casa tua per le 5.

4) Penso che ti piac_____ vivere in Italia.

5) Noi fin_____ di lavorare tardi questa settimana.

6) I tuoi amici quando part_____ per l'Europa?

7) (tu) Mi telefon_____ più tardi?

8) Sandro segu_____ la partita di calcio in tv e io studi_____ l'inglese.

9) Se stasera mia nonna sent_____ il concerto alla radio, si addorment_____ sulla poltrona.

10) (io) Compr_____ il latte e voi port_____ i biscotti al cioccolato.

2. 例のように文中の未来形に下線を引いて、その不定詞を右に書き出しましょう。さらに、全文を和訳しましょう。

例 <u>Cercherò</u> un appartamento a Firenze. ➡ *cercare*
私はフィレンツェでアパート（マンション）を探すつもりです。

1) La lezione comincerà fra mezz'ora. _____

_____

2) Quando lascerai Tokyo? _____

_____

3) Viaggerete in treno o in aereo? _____

_____

4) Da Maria mangeremo sicuramente bene. _____

_____

5) Pagheranno l'affitto la settimana prossima. _____

_____

6) Che cosa studierete a Roma? _____

_____

7) Pregherò Gianni di prestarmi la sua macchina. _____

_____

8) Cercheranno di fare del loro meglio. _____

_____

9) Gli elettori giovani rovesceranno il governo. _____

_____

10) Fra poco si affacceranno al balcone. _____

_____

3. 次の動詞（活用形）の不定詞を書きましょう。すべて不規則活用の動詞です。

1) terremo _____   2) avranno _____

3) berrai _____   4) saprò _____

5) vorrà _____   6) farete _____

7) rimarrò _____   8) staranno _____

9) verrò _____   10) vedrai _____

4. （　）内の動詞を未来に活用させ、文を完成させましょう。

例 Stasera io *sarò* a casa alle 8. (essere)

1) Fra poco noi _____ a Roma. (essere)

2) Domani tu _____ molto lavoro da fare? (avere)

3) Domani sera Luigi non _____ uscire con noi. (potere)

4) Luisa _____ questo romanzo in inglese. (tradurre)

5) Noi _____ andare in discoteca sabato. (volere)

6) Io _____ il libro di Sara fino alla prossima settimana. (tenere)

7) Alla festa noi _____ fino ad ubriacarci! (bere)

8) Che cosa _____ dire queste parole? (volere)

9) Quando loro _____ cosa è successo, ci _____ sicuramente male! (sapere, rimanere)

10) Marco _____ tutti i soldi in banca per sicurezza. (tenere)

5. 次の質問文に対し、未来形を使って適切な返答の文を作りましょう。

例 ○A che ora arriverai a Roma domani?
　　● Ci *arriverò* verso le 10 di mattina.

1) ○ Per quanto tempo rimarrai a Perugia?

　　● Ci _____ per una settimana.

2) ○ Che farai domani?

　　● _____ un dvd a casa. (vedere)

3) ○ Dove andrete in vacanza quest'estate?

　　● _____ in Sardegna.

4) ○ Potrai venire a prendermi all'aereoporto?

　　● Sì, _____ venire senza problemi.

5) ○ Quando tornerai a trovarmi?

　　● _____ il prossimo fine settimana.

6) ○ A che ora partirà il treno per Torino?

　　● _____ alle 18 e 12.

7) ○Quando telefonerete all'avvocato?

  ●Gli _____ più tardi.

8) ○Uscirai presto dall'ufficio stasera?

  ●No, _____ alla solita ora.

9) ○A chi darete questo regalo?

  ●Lo _____ a Rita per il compleanno.

10) ○Staremo qui per molto tempo?

  ●No, ce ne _____ dopodomani. (andare)

6. 次の時制の異なる文を未来に置き換え、意味のつながる文にしましょう。

🈞 Oggi ho preparato il risotto. ➡ Domani *preparerò* le lasagne.

1) Oggi ho fatto 3 chilometri di corsa.

  Sabato pomeriggio _____ 3 chilometri di corsa.

2) Bevo spesso vino rosso a cena.

  Stasera _____ vino bianco a cena.

3) Ho appena preso un aperitivo.

  _____ anche un digestivo.

4) Ieri sera sono rimasta a casa a vedere un film.

  Domani sera _____ a casa a rilassarmi.

5) Pranzo spesso al ristorante con Michela.

  Domani _____ a casa da solo.

6) Marco, quando hai smesso di fumare?

  Papà, quando _____ di fumare?

7) Ieri sera siamo venuti alla tua festa.

  Anche sabato sera _____ a trovarti.

8) Come hai pagato il conto dell'albergo?

Come _____ il biglietto aereo?

9) Quanti musei hai visitato a Roma?

Quanti musei _____ a Firenze?

10) L'anno scorso abbiamo fatto una bella vacanza.

L'anno prossimo _____ una vacanza più bella.

7. （　　）内の動詞を「もし〜なら」という文脈に沿って活用させ、全文を和訳しましょう。

1) Se nevicherà, _____ il cappotto. (io/indossare)

_____

2) Se pioverà, _____ gli ombrelli. (noi/prendere)

_____

3) Se ci sarà il sole, _____ un picnic. (noi/fare)

_____

4) Se sarà nuvoloso, non _____ al mare. (io/andare)

_____

5) Se tirerà vento, _____ in bicicletta? (tu/uscire)

_____

6) Se ci sarà la nebbia, non _____ la macchina.
(noi/usare)

_____

7) Se sarà sereno, _____ a correre? (tu/venire)

_____

8) Se verrà un temporale, _____ a casa. (io/rimanere)

_____

8. 左の状況であるとき何と言うか、適切なものを右から選び、結びつけましょう。

1) Non trovi le chiavi di casa. •   • a) Chi sarà?

2) Non sai quanti anni ha • Riccardo.   • b) Di dove sarà?

3) È notte e suonano alla • porta.   • c) Avrà 30-32 anni.

4) Ricevi un pacco dalla forma • strana.   • d) Saranno 5-600 metri.

5) Incontri una persona stra- • niera.   • e) Cosa sarà?

6) Non sai di preciso quanto è • lontana la stazione.   • f) Ma dove saranno?

7) Non sai di preciso che ora è. •   • g) Di chi sarà?

8) Ricevi una cartolina senza • firma.   • h) Saranno le 6.

9. 例のように、単純未来の文を、先立未来を用いた文に書き換えましょう。

例 Prenoterò il biglietto, poi mi sentirò più tranquilla.

➡ Dopo che *avrò prenotato il biglietto, mi sentirò più tranquilla.*

1) Andrò dal dentista e poi passerò da Maria.

Dopo che _____

_____

2) Ascolterò il tuo cd e poi ti dirò cosa ne penso.

Quando _____

_____

3) Chiederemo un prestito alla banca e poi ci compreremo la casa.

Dopo che _____

4) Finirò di studiare e poi partirò per le vacanze.

Quando _____

_____

5) Ceneremo insieme e poi andremo al cinema.

Dopo che _____

_____

6) Pietro venderà la macchina e poi ne comprerà una nuova.

Quando _____

_____

7) Accompagnerò i bambini all'asilo e poi andrò a lavoro.

Dopo che_____

_____

8) Guarderemo la partita in tv e poi festeggeremo.

Dopo che _____

_____

9) Maria arriverà alla stazione centrale e poi mi chiamerà.

Quando _____

_____

10. 次の文は航空機内のアナウンスです。抜けている未来形を次のページの語群から選び、文を完成させましょう。さらに、全文を和訳してみましょう。

"Signore e Signori buongiorno. Alitalia vi dà il benvenuto a bordo di questo boeing 747 destinazione Roma. Fra poco

1) _____ il Giappone e 2) _____ tutta l'Asia passando sopra la Siberia. L'atterraggio all'aereoporto Leonardo

da Vinci è previsto per le 19 ore locale. Per un volo più gradevole 3) _____ sintonizzarvi su uno dei sei canali musicali a vostra disposizione. Durante il volo 4) _____ anche dei film. Tra qualche minuto il personale di bordo vi 5) _____ un drink e fra un'ora vi 6) _____ la cena.

Le condizioni meteorologiche sono buone anche se 7) _____ fra poco alcune zone di turbolenza. Vi preghiamo quindi di tenere le cinture allacciate fino a quando non si 8) _____ l'apposito segnale. Ricordiamo che su questo volo Alitalia non è consentito fumare. Il personale di bordo 9) _____ a vostra disposizione durante tutto il volo per qualsiasi esigenza."

> incontreremo / offrirà / lasceremo / sarà / servirà
> attraverseremo / potrete / spegnerà / proietteremo

[訳]

9 | 命令法
Modo imperativo

命令法は、一般に何かを命じるときの用法で、活用形を持ちます。状況によって、命令のほか依頼、希望、勧誘などの意味も持ちます。

❶ 規則活用

	lavorare	prendere	dormire	finire
tu	lavora	prendi	dormi	finisci
Lei	lavori	prenda	dorma	finisca
noi	lavoriamo	prendiamo	dormiamo	finiamo
voi	lavorate	prendete	dormite	finite
loro	lavorino	prendano	dormano	finiscano

▶活用形の注意

a) 主語 io に対応する形はありません。

b) 三人称単数形は敬称の Lei としての用法のみです。

c) 一人称複数形は「〜しましょう」という勧誘の意味になります。

d) loro は二人称複数の敬称「あなたがた〜なさってください」となります。

❷ 不規則活用

直説法現在の活用形（特に tu, Lei の形）に不規則な要素があると、命令法でも活用が不規則になります。

	andare	venire	dire	fare	essere	avere
tu	va' (vai)	vieni	dì / di' (dici)	fa' (fai)	sii	abbi
Lei	vada	venga	dica	faccia	sia	abbia
noi	andiamo	veniamo	diciamo	facciamo	siamo	abbiamo
voi	andate	venite	dite	fate	siate	abbiate
loro	vadano	vengano	dicano	facciano	siano	abbiano

❸ 命令法の用法

Signor Neri, venga pure.
ネーリさん、どうぞおいでください。
※pure を伴って促しを強めます。

Dica, per favore.
どうぞおっしゃってください。
※per favore, per piacere, prego などの表現を伴うと丁寧なニュアンスが加わります。

Su, andiamo!
さあ、行こうよ！
※su, coraggio, dai（dare の活用形）などを伴って、誘いや促しを強めます。

❹ 代名詞を伴う場合

命令法が代名詞を伴う場合、活用形によって代名詞の位置が異なります。

　a) 三人称 (Lei と loro) の場合、動詞の前に代名詞がきます。

　b) そのほかの場合は、活用形の語末に結合します。

　c) 二人称単数形 (tu) で、va', dì (di'), fa' などの短縮形に代名詞がつくとき
　　 は、vacci, dimmi, fallo, dammi などのように子音を重ねて結合させま
　　 す（ただし代名詞 gli の場合は g を重ねません）。

	prendere + **lo**	dire + **glielo**	andare + **ci**
tu	prendi**lo**	di**glielo**	va**cci**
Lei	**lo** prenda	**glielo** dica	**ci** vada
noi	prendiamo**lo**	diciamo**glielo**	andiamo**ci**
voi	prendete**lo**	dite**glielo**	andate**ci**
loro	**lo** prendano	**glielo** dicano	**ci** vadano

❺ 再帰動詞の場合

前出の代名詞を伴う場合の規則にしたがって、再帰代名詞の位置が移動しま
す。また、再帰動詞と同じような変化をする andarsene（立ち去る）なども代
名詞の位置は同様です。

	alzar**si**	andar**sene**
tu	alza**ti**	va**ttene**
Lei	**si** alzi	**se ne** vada
noi	alziamo**ci**	andiamo**cene**
voi	alzate**vi**	andate**vene**
loro	**si** alzino	**se ne** vadano

❻ 代名詞を伴う命令法の用法

Se vedi Marco, *di***gli** di chiamarmi!
もしマルコを見かけたら、僕に電話するように言って。

*Metti***ti** anche il cappellino!
帽子もかぶりなさい。

Su, *alza***ti** e vesti**ti** in fretta.
さあ、起きて、急いで服を着なさい。

*Vat***tene**! *Lascia***mi** in pace!
出て行って！　私をひとりにして。

Prego, **si** *sieda*.
どうぞおかけください。

Mi *dica* senza complimenti.
遠慮なくおっしゃってください。

❼ 否定命令

「～してはいけない」と言いたいときには、命令法に non を加えます。ただし、二人称単数の tu の場合のみ〈non ＋ 不定詞〉となります。

	non ＋ prendere	non ＋ dire	non ＋ andare
tu	**non prendere**	**non dire**	**non andare**
Lei	non prenda	non dica	non vada
noi	non prendiamo	non diciamo	non andiamo
voi	non prendete	non dite	non andate
loro	non prendano	non dicano	non vadano

否定命令で代名詞を伴う場合、代名詞は前述の肯定文のときと同じ規則になりますが、主語 tu の場合のみ 2 つの位置が可能です。

	non ＋ prendere ＋ **lo**
tu	non prender**lo**（または non **lo** prendere）
Lei	non **lo** prenda
noi	non prendiamo**lo**
voi	non prendete**lo**
loro	non **lo** prendano

❽ 否定命令の用法

Non dire la verità a Marco.
マルコに本当のことを言ってはいけないよ。

Non dir**gli** la verità.（または Non **gli** dire la verità.）
彼に本当のことを言ってはいけないよ。

Questa porta è rotta. Non **la** tocchi.
このドアは壊れています。触らないでください。

Questo pomodoro è andato a male. Non mangiar**lo**.

（または Non **lo** mangiare.）
このトマトは腐ってしまった。食べてはいけないよ。

━━ *Esercizi*

1. 次の動詞の活用語尾を正しく入れ、命令法の文を完成させましょう。

例 Marco, apri la finestra!

1) Luigi, lasc_____ stare quel gatto!

2) Ragazze, guard_____ questa foto!

3) (voi) Legg_____ meglio quello che è scritto!

4) Simone, entr_____ in questa stanza e aspett_____!

5) (voi) Smett_____ di fumare subito!

6) Aldo, apr_____ subito questa porta!

7) Bambini, ven_____! Il pranzo è pronto!

8) Lucia, sent_____, mi fai un favore?

9) Maria, legg_____ più lentamente!

10) (voi) Fin_____ questo lavoro prima di sera!

2. ( )内の動詞を活用させ、適切な命令法の文を完成させましょう。

1) Signorina, _____ ad aprire la porta. (andare)

2) Signor Paoli, _____ pure al telefono. (rispondere)

3) _____ avanti dritto e poi _____ a destra. (andare, girare)

4) Signori, _____ dall'altra stanza. (telefonare)

5) Signora, _____ smettere suo figlio di disturbare! (fare)

6) Signorina, _____ alle 8 precise domani mattina, per favore. (venire)

7) Signora, _____ tutto d'un fiato! (bere)

8) Se vuole aspettare, _____ pure. (aspettare)

9) Prego signora, _____. (accomodarsi)

10) Prego signorina, _____! (entrare)

3. 例のように、直説法現在の文を命令法で言い換えましょう。主語は現在形に合わせること。

例 Torni a casa presto. ➡ *Torna a casa presto!*

1) Vai a lavorare subito.

_____!

2) Avete pazienza.

_____!

3) Signora, dice la verità?

_____!

4) Fai da solo i compiti.

_____!

5) Lei fa come meglio crede.

_____!

6) Ragazzi, avete coraggio?

_____!

7) Signorina, mi dice cosa ne pensa?

_____!

8) Vai a casa?

_____!

9) Carlo, per favore, sei più paziente?

_____!

10) I signori hanno la gentilezza di seguirmi?

_____!

4. 文意に合うように、適切な代名詞を入れて文を完成させましょう。

例 Stefania, se ti è piaciuta questa pasta, mangia*la* tutta.

1) Beppe, se vedi Gino e Laura, di____ che dopo gli telefono.

2) Signorina, vada dal signor Rossi e ____ dica che aspetto la sua relazione.

3) Maria, va' da Sara e porta____ un po' di torta.

4) Hai già sentito Mauro? Telefona____ subito!

5) Prendiamo dei panini e ____ porta anche dell'acqua, per favore?

6) Queste sono le chiavi, da____ a Livia e poi restituisci____ al portiere.

7) Posso fare il caffè? Certo, fa____ pure.

8) Chiudi la porta, ho detto chiudi____!

9) Vuoi un cioccolatino? Prendi____ uno oppure mangia____ tutti.

10) Scriva i suoi dati, ____ scriva in italiano o in inglese.

5. (　　) 内の代名詞を伴う動詞を命令法で活用させましょう。

1) Lisa, _____ e poi _____ cosa ne pensi! (guardarlo, dirmi)

2) Ragazzi, _____ qualche volta! (telefonarmi)

3) _____ vedere le foto! (tu farmi)

4) Susanna, per favore, _____! (ascoltarmi)

5) _____ presto! (tu scrivergli)

6) _____! Non voglio più vederti! (tu andarsene)

7) Signorina, _____ qui accanto a me, per favore. (sedersi)

8) _____, forse ha ragione. (noi ascoltarlo)

9) È tardi! _____! (voi alzarsi)

10) Ti ascolto volentieri, _____ pure! (dirmi)

6. 次の肯定の命令法を否定命令に書き換えましょう。

1) Mangiatelo! _____

2) Guarda la tv! _____

3) Portaglielo! _____

4) Prendetene un altro! _____

5) Parlatene! _____

6) Parti domani mattina! _____

7) Escano da questa stanza! _____

8) Domandaglielo! _____

9) Glielo dia! _____

10) Le telefoni dopo! _____

7. 次の質問文に対して、代名詞を伴う命令法を用いて返答文を作りましょう。

例 ○ Posso mangiare questo cioccolatino?
　● Sì, certo, *mangialo* pure!

1) ○ Posso usare il telefono?

　● Sì, certo, _____ pure!

2) ○ Posso aprire la finestra?

　● Sì, certo _____ pure!

3) ○ Possiamo prendere un'altra fetta di torta?

　● Sì, certo, _____ pure!

4) ○ Posso fumare una sigaretta?

　● No, non _____, per favore!

5) ○ Invito Sandro alla festa, va bene?

● Sì, certo, _____ pure!

6) ○ Apro io la porta, va bene?

   ● Sì, grazie, _____ tu!

7) ○ Possiamo prendere la tua macchina?

   ● No, non _____ !

8) ○ Bevo ancora un altro caffè, va bene?

   ● Sì, certo, _____ pure!

9) ○ Posso darti un consiglio?

   ● No, non _____ !

10) ○ Posso usare il bagno?

   ● Sì, certo, _____ pure!

8. 動詞の命令法を次のページの語群から選び、空欄に入れながら、次の会話文を完成させましょう。

Antonella: Allora, sei pronta?

Laura: No, 1) _____ ancora un minuto! Non trovo le chiavi.

Antonella: 2) _____, siamo già in ritardo! Hai guardato nella borsetta? Forse le chiavi sono lì. Oppure 3) _____ nel solito cassetto!

Laura: Va bene, va bene, non 4) _____, le cerco subito. Tu intanto 5) _____ a chiamare l'ascensore.

Antonella: Vado, ma per favore 6) _____ presto! E 7) _____ di chiudere la finestra e la tv!

Laura: Va bene! Tu però 8) _____ a Licia e 9) _____

_____ che siamo in ritardo!

Antonella: Già, in ritardo come sempre!

> telefona / fa' / aspetta / ti preoccupare /
> va' / sbrigati / guarda / dille / ricordati

9. 例のように、次のレシピに書かれた動詞を命令法（二人称単数形）に書き換えましょう。その上で和訳をしてください。

I savoiardi サヴォイア・ビスケット

(biscotti tipici piemontesi che si usano soprattutto per fare il Tiramisù)
（ティラミスを作るのによく使われるピエモンテ特有のビスケット）

Ingredienti: 400g di farina, 350g di zucchero, 16 uova, 100g di zucchero a velo, 1 pizzico di sale

Preparazione:

例)Dividere i tuorli dagli albumi e 1)sbattere i tuorli con lo zucchero fino ad ottenere una crema spumosa e bianca. A questa 2)aggiungere piano piano la farina e 3)farla incorporare.

Intanto 4)sbattere solo otto degli albumi con un pizzico di sale ed 5)incorporarli, poi, al resto dell'impasto.

6)Metterlo nella siringa da pasticciere, e 7)premere sulla placca infarinata delle strisce lunghe 8–9 centimetri.

8)Spolverarle abbondantemente con altro zucchero a velo ed 9)infornare a calore moderato per 20–30 minuti.

例 *Dividi*

1) _____　　2) _____　　3) _____

4) _____　　5) _____　　6) _____

7) _____　　8) _____　　9) _____

［訳］ _____

_____

_____

_____

_____

_____

_____

_____

_____

_____

_____

_____

_____

_____

_10._ まず次の文を読みましょう。続いて、1)〜5) の解説を読み、本文の
内容と合っていれば V、間違っていれば F にチェックしましょう。

A tavola è importante non solo quello che si mangia, ma anche
come si mangia e soprattutto chi mangia. Lo studente deve, ad
esempio, cercare di mangiare bene perché come dicevano gli antichi
romani "mens sana in corpore sano" (mente sana in corpo sano) e
quindi seguire questi consigli:

   1. Tutti i pasti sono importanti, non saltarli mai.
   2. L'acqua è importantissima per eliminare tossine. Bevila!
   3. Mangia una volta carne, un'altra volta pasta… un po' di tutto.
   4. Dormi 8 ore e non bere tanto caffè.

Il consiglio valido per tutti è di non lasciarsi invadere dalle
abitudini alimentari americane e di riscoprire, invece, la dieta
mediterranea e quindi:

   a) Non andare con i tuoi al fast-food.
   b) Riscopri il gusto della tavola e mangia tranquillo!
   c) Compra prodotti freschi: verdure e frutta locali.
   d) Non comprare i pasti congelati.
   e) Cucina con olio d'oliva.
   f) Non mangiare troppa carne e grassi.
   g) Mangia spesso il pesce.

h) Bevi tanta acqua, spesso il latte e un bicchiere di vino al giorno perché fa bene al cuore.

Mangiar bene non significa solo vivere meglio, ma è anche un piacere che ti aiuterà ad essere più sano riscoprendo i sapori della buona tavola.

Vero o Falso

1) Seguendo il proverbio antico solo gli studenti devono cercare di essere in buona salute.　　　　　　　　　　　V / F

2) L'acqua non fa sempre bene a tutti perché potrebbe portare freddo alla pancia e causare la diarrea.　　　　　　V / F

3) Le abitudini alimentari americane non ci fanno molto bene, soprattutto sarebbe meglio stare lontano dal fast-food.　V / F

4) Per far bene alla salute non si deve mangiare più carne e si deve diventare vegetariani.　　　　　　　　　　V / F

5) Mangiare bene è non solo un problema dei nostri tempi, ma anche per la gente di Roma antica.　　　　　　　V / F

実践イタリア語コラム *4*

イタリアの住宅 **2**

イタリア語で住宅についての解説を読んでみましょう。

　In Italia nella stanza da bagno si trovano il water, il bidè, il lavandino, la vasca da bagno o la doccia (il piatto doccia). In realtà, anche se si chiama bagno, per ragioni di spazio sempre più spesso i bagni italiani non hanno una vasca da bagno, ma quando c'è, spesso si può usare sia per fare il bagno che la doccia. Ben diverso è il bagno di servizio, che di solito è un bagno meno elegante e dove si mette la lavatrice, a volte anche un lavandino specifico per fare il bucato, e stendini per stendere il bucato ad asciugare quando fuori piove. La differenza tra il balcone e il terrazzo invece è che i terrazzi sono di solito più grandi, ma in effetti entrambi sono delle sporgenze della facciata del palazzo. Ben diversa è la terrazza che invece è parte dell'edificio e non un corpo aggiunto.

［訳］
　イタリアの「stanza da bagno（浴室、バスルーム）」には、水洗トイレ、ビデ、洗面台、浴槽またはシャワーが完備しています。実際のところ、「bagno（トイレまたはバスルーム）」とは言いながら、スペースの問題からイタリアのバスルームには浴槽がないことがよくあります。しかし、浴槽がある場合には、入浴するのにも、シャワーを浴びるのにも浴槽を使います。一方、「bagno di servizio（家事用バスルーム）」というのはかなり違って、通常は高級感で劣るバスルームのことを言います。そこには洗濯機があったり、ときには洗濯用にしつらえた洗面台、また雨の日に洗濯物を乾かすための干し場があったりします。また、バルコニーとテラスの違いですが、普通テラスのほうが大きめです。実際には両方とも建物の正面から突き出た形をしていますが、大きな違いは、テラスは建物の一部であり、あとでつけ加えられた部分ではないということです。

条件法
Condizionale presente e passato

条件法は原則として「(ある条件のもとなら)、〜なるだろうに」といった仮定的な意味合いを与える叙法です。そこから発展して、希望、可能性、推測、語調緩和といったさまざまな意味を持つことになります。

❶ 条件法現在の活用

規則活用は前出の「未来」と同じ要領。活用語尾はすべて -rei, -resti, -rebbe, -remmo, -reste, -rebbero となります。

	parlare	prendere	finire
io	parl**erei**	prend**erei**	fin**irei**
tu	parl**eresti**	prend**eresti**	fin**iresti**
lui/lei/Lei	parl**erebbe**	prend**erebbe**	fin**irebbe**
noi	parl**eremmo**	prend**eremmo**	fin**iremmo**
voi	parl**ereste**	prend**ereste**	fin**ireste**
loro	parl**erebbero**	prend**erebbero**	fin**irebbero**

※語幹と語尾の接続部分が、-are 動詞では -erei などと変化することに注意。

❷ 不規則活用

不規則も前出の「未来」と同じ要領です。語幹が変化しますが、活用語尾は規則通り。essere は特殊ですので、覚えましょう。

	essere	avere	fare	vedere	volere	venire
io	sarei	a**vrei**	fa**rei**	ved**rei**	vor**rei**	ver**rei**
tu	saresti	a**vresti**	fa**resti**	ved**resti**	vor**resti**	ver**resti**
lui/lei/Lei	sarebbe	a**vrebbe**	fa**rebbe**	ved**rebbe**	vor**rebbe**	ver**rebbe**
noi	saremmo	a**vremmo**	fa**remmo**	ved**remmo**	vor**remmo**	ver**remmo**
voi	sareste	a**vreste**	fa**reste**	ved**reste**	vor**reste**	ver**reste**
loro	sarebbero	a**vrebbero**	fa**rebbero**	ved**rebbero**	vor**rebbero**	ver**rebbero**

❸ 条件法現在の用法

1) ある条件のもとで、あり得る・起こり得る、といった仮定的意味合い

Prenderei il salmone oggi, se c'è.
あれば、今日はサーモンにしようかな。

Dormiremmo ancora un po', ma dobbiamo andare a lavorare.
もう少し寝ていたいところだが、僕たちは仕事に行かねばならない。(仕事がなければ寝ていたい)

2) 願い・希望

Fa molto caldo. **Berrei** qualcosa di fresco.
すごく暑いなあ。何か冷たいものでも飲みたいなあ。

Siamo stanchi. **Ci riposeremmo** volentieri.
私たちは疲れました。できれば休憩したいところですが。

3) 可能性

Gino **potrebbe** finire questo lavoro.
ジーノならこの仕事を片づけられるだろう。

Con la macchina la vita **sarebbe** più facile.
車があれば、生活はもっと楽になるだろう。

4) 助言

Al tuo posto **risolverei** prima questo problema.
私が君の立場なら、先にこの問題を解決するだろう。

Matteo, **dovresti** smettere di fumare.
マッテーオ、タバコはやめた方がいいよ。

5) 語調緩和・言葉遣いの丁寧さ

Vorrei parlare con il signor Biondi.
ビオンディさんとお話したいのですが。

Potrei entrare?
入ってもよろしいでしょうか？

Scusa, ti **dispiacerebbe** non usare il cellulare qui?
悪いけど、ここで携帯電話を使わないでもらえるかな。

❹ 条件法過去の作り方

> avere または essere の条件法現在 ＋ 過去分詞
> ※avere, essere いずれをとるかは近過去 (Capitolo 3) と同じです。

❺ 条件法過去の活用

〈avere ＋ 過去分詞〉、〈essere ＋ 過去分詞〉の活用の例を示します。essere の場合は、主語の性と数に応じた過去分詞の語尾変化が必要です。

	parlare	andare
io	avrei parlato	sarei andato/a
tu	avresti parlato	saresti andato/a
lui/lei/Lei	avrebbe parlato	sarebbe andato/a
noi	avremmo parlato	saremmo andati/e
voi	avreste parlato	sareste andati/e
loro	avrebbero parlato	sarebbero andati/e

❻ 条件法過去の用法

1) 仮定的意味

過去に、ある条件のもとなら、あり得た、起こり得たのに、実際にはそうならなかったことを表す。

Avrei preso il salmone, ma era finito.
サーモンにしたかったが、品切れだった。

Paola ti **avrebbe telefonato**, ma ha perso il numero.
パオラは君に電話をしたかったが、番号をなくしてしまった。

2) 後悔・嘆き

Non **avresti dovuto** parlare di questa faccenda con il padre di Paola.
この出来事について、パオラの父親には話さない方がよかったんだけどな。

Sarei venuta volentieri alla festa di ieri, ma il mio capo non mi ha dato le ferie.
私は昨日のパーティーによろこんで行きたかったのだけど、上司が休みをくれなかったの。

3) 過去のある時点での、未来への意思や希望（過去未来）

Paola mi ha detto che **sarebbe venuta** alla festa di ieri.
パオラは私に、昨日のパーティーには来るつもりだと言った。

Abbiamo immaginato che **avrebbero comprato** quella villa.
私たちは彼らがあの別荘を買うものと思いました。

❼ 過去未来のイメージ

過去　　　　　条件法過去（＝過去未来）　　　　現在
passato　　　il futuro nel passato　　　presente

条件法過去は、〈過去のある時点〉(passato) を近過去、半過去が表すとき、その時点においては未来のこと、つまり〈過去未来〉(il futuro nel passato) を表します（⑥の 3）を参照）。

Paola mi *ha detto* che *sarebbe venuta* alla festa di ieri.
　　　　　　　　　　　［条件法過去］（過去における未来への意思）来るつもりだ
　　　　［近過去］（過去のある時点）パオラは言った
パオラは私に、昨日のパーティには来るつもりだと言った。

— *Esercizi*

1. 次の文の主語を、単数ならば複数、複数ならば単数に変え、全文を
書き換えましょう。

例 Prenderei il treno delle 5 e mezza.

➡ *Prenderemmo* il treno delle 5 e mezza.

※ここでは、動詞 prenderei が条件法現在で主語 io（私は）の形なので、それに対応する複数
noi（私たちは）に合わせて prenderemmo と書き換えます。

1) Stasera guarderei volentieri un film.

_____

2) Noi preferiremmo restare a casa.

_____

3) Voi non andreste mai al teatro.

_____

4) Lui uscirebbe di sicuro con me.

_____

5) Non gli telefonerei mai!

_____

6) Mi compreresti un po' di cioccolata?

_____

7) Che vorresti fare dopo cena?

_____

8) Potreste finire il lavoro per venerdì prossimo?

_____

9) La bambina sarebbe molto contenta di questo regalo.

_____

10) Sarei felice se venisse.

---

2. 動詞の活用語尾を正しく加え、条件法現在の文を完成させましょう。

1) Ho fame, mang_____ volentieri una pizza.

2) Io and_____ volentieri a dormire, sono molto stanca!

3) Angela, mi telefon_____ verso le 2 domani pomeriggio?

4) Io fa_____ volentieri le vacanze a luglio, e tu quando le fa_____ ?

5) Maria, aprir_____ tu la porta, per favore?

6) Che cosa vi and_____ di fare adesso?

7) Loro camb_____ volentieri lavoro per guadagnare di più.

8) Elisa, ci cant_____ una canzone?

9) È una bella giornata, noi quasi quasi far_____ una bella passeggiata.

3. 下線部の直説法現在の動詞を条件法現在に変えましょう。

例 <u>Parliamo</u> volentieri con il direttore. ➡ *Parleremmo*

1) Signor Poli, <u>gradisce</u> una tazza di caffè?   _____

2) <u>Devo</u> studiare, ma preferisco uscire.   _____

3) <u>Ci compriamo</u> una casa nuova.   _____

4) Papà, mi <u>presti</u> la macchina stasera?   _____

5) <u>Telefoni</u> a Lorenzo, per piacere?   _____

6) Mi sento male, oggi <u>sto</u> a casa tutto il giorno.   _____

7) Siamo stanchi, <u>andiamo</u> subito a letto.   _____

8) Ci <u>porta</u> un'altra bottiglia di vino, per favore?   _____

9) Mi <u>piace</u> molto studiare l'italiano.   _____

10) <u>Bevo</u> volentieri un altro bicchiere di vino.   _____

4. 次の質問文に対して、条件法現在を用いて適切な返答文を作りましょう。

例 ○ Partiresti a breve?　●Sì, *partirei* dopodomani.

1) ○ Quando vorresti andare in vacanza?

　●Ci ＿＿＿＿＿＿＿＿ il mese prossimo.

2) ○ Avete sete? Berreste una birra con me?

　●Sì, la ＿＿＿＿＿＿＿＿ volentieri.

3) ○ Mi richiameresti più tardi?

　●Ti ＿＿＿＿＿＿＿＿, ma non posso.

4) ○ Ci prestereste la macchina?

　●No, non ve la ＿＿＿＿＿＿＿＿ mai!

5) ○ A Claudia interesserebbe quel lavoro?

　●Sì, le ＿＿＿＿＿＿＿＿ moltissimo.

6) ○ Mi scriveresti il tuo indirizzo?

　●Te lo ＿＿＿＿＿＿＿＿, ma non ho la penna.

7) ○ Ti andrebbe di uscire più tardi?

　●No, mi ＿＿＿＿＿＿＿＿ di guardare la tv.

8) ○ Voi vi comprereste una Ferrari?

　●Sì, certo che ce la ＿＿＿＿＿＿＿＿!

9) ○ Non sarebbe meglio rimandare il viaggio?

　●＿＿＿＿＿＿＿＿ meglio, ma non voglio.

10) ○ Che vorreste mangiare?

　●＿＿＿＿＿＿＿＿ mangiare una bella bistecca!

5. 次の条件法現在の文を、そのまま条件法過去に書き換えましょう。

例 <u>Giocherei</u> volentieri a tennis. ➡ *Avrei giocato volentieri a tennis.*

1) <u>Verrei</u> volentieri a trovarti.

_____

2) Mi <u>piacerebbe</u> visitare Roma.

_____

3) I miei genitori <u>potrebbero</u> vivere senza lavorare.

_____

4) Paolo, <u>faresti</u> meglio a dire la verità.

_____

5) <u>Dovrei</u> telefonarle, ma non ho il suo numero.

_____

6) A Simone <u>piacerebbe</u> molto vivere in campagna.

_____

7) Bambini, <u>dovreste</u> mangiare meno dolci.

_____

8) In quale città italiana <u>preferiresti</u> vivere?

_____

9) <u>Partiremmo</u> molto volentieri con loro.

_____

10) <u>Vorrei</u> tanto sposarmi!

_____

6. 文意に合うように、（　　）内の動詞を条件法現在または条件法過去で活用させましょう。

1) Non ho il numero di Luca, altrimenti te lo _____. (dare)

2) Ieri _____ volentieri da Gianna, ma avevo mal di testa. (venire)

3) Lucia _____ comprare quel vestito, ma era troppo caro. (volere)

4) Non so dove è tuo fratello, altrimenti te lo _____. (dire)

5) _____ del pesce, se ne avete ancora. (prendere)

6) Maria mi ha detto che _____ in affitto un monolocale. (prendere)

7) C'era un concerto di musica classica, mi _____ tanto andarci. (piacere)

8) _____ passarti a trovare, ma non avevo tempo! (volere)

9) _____ di più, ma sono a dieta, purtroppo! (mangiare)

10) Credevo che _____ anche Patrizia, ma non si è vista. (venire)

7. （　　）内の動詞を、文意に合わせて活用させ、全文を和訳しましょう。

1) C'è un concerto di musica classica, mi _____ tanto andarci! (piacere)

_____

2) Vorrei fissare un appuntamento con il dottore, _____ possibile per oggi? (essere)

_____

3) Pensavo che tu _____ a Roma anche il mese prossimo. (rimanere)

4) Che buone le lasagne! Ne _____ di più ma sono a dieta. (mangiare)

5) Mi sembri molto stressata, _____ riposarti un po'! (dovere)

6) Claudia _____, ma il suo ragazzo non ha voluto. (sposarsi-già)

7) Carlo non mi ha detto che _____ ieri. (partire)

8. 下の語群から適切な活用形を選んで、レストランでの会話を完成させましょう。

Cameriere: Buonasera, signori, posso servirvi?

Aldo: Sì, grazie. Io ho sete, 1) _____ con qualcosa da bere.

Cameriere: Bene, e cosa 2) _____ bere?

Aldo: Del vino rosso! Ce ne porta una bottiglia per favore?

Francesca: Io però 3) _____ più volentieri un bicchiere di vino bianco secco, grazie. E tu Cristina, cosa prendi?

Cristina: Io 4) _____ un aperitivo analcolico, grazie.

Cameriere: Va bene.

Aldo: Senta, ci 5) _____ anche qualcosa da mangiare

insieme alle bevande?

Cameriere: Degli antipasti misti 6) _____ andare bene?

Aldo: Sì, ma mi 7) _____ anche un po' di formaggio
stagionato, lo adoro con il vino rosso! Ho visto che avete
del pecorino sardo, 8) _____ quello!

Cameriere: Vi porto anche il pane allora.

Francesca: Sì, per favore! E io ci 9) _____ anche un po' di
prosciutto crudo, che ne dite?

Cristina: Ma tu non eri a dieta?

Francesca: Lo sono, ma solo fino al venerdì. Oggi è sabato!

> potrebbero / piacerebbe / berrei / vorreste / preferirei /
> comincerei / prenderei / aggiungerei / porterebbe

9. 次の解説文を読み進めながら、空欄 1) ～5) に適切な動詞の形を 3
つの選択肢から選んで入れましょう。さらに、正誤問題に答えてく
ださい。

La nascita di Venere

La nascita di Venere è un quadro di Sandro Botticelli dipinto tra il
1482–1485 e conservato alla Galleria degli Uffizi a Firenze. Questo
quadro è uno dei più famosi del pittore fiorentino sia per l'alta qualità
artistica sia perché, secondo l'interpretazione più diffusa, 1) (**rappresenta
/ era rappresentato / rappresenterebbe**) l'ideale universale della
bellezza femminile come 2) (**era inteso / sarebbe inteso / avrebbe
inteso**) dalla cultura rinascimentale fiorentina.

Il quadro, infatti, sembra raccontare di come Venere 3) (**è nata /
era nata / sarebbe nata**) dal mare, ma in realtà nasconde
un'allegoria, cioè l'immagine della dea allude ad un concetto più
complesso.

La figura della dea e la posa di Venus pudica, cioè mentre copre
la sua nudità con le mani ed i lunghi capelli biondi, rappresenterebbe
la personificazione della Venere celeste, simbolo di purezza,

semplicità e bellezza dell'anima. Perciò la nudità della dea non
4) (**significava** / **avrebbe significato** / **ha significato**) per i
fiorentini del Cinquecento un'esaltazione della bellezza femminile
fisica, ma piuttosto della bellezza spirituale.

Tutta la scena rappresentata sarebbe, dunque, un'allegoria
dell'amore inteso come la forza che anima la Natura, come energia
che dà la vita.

Secondo la tradizione, per dipingere il volto di Venere, Botticelli
si 5) (**sia ispirato** / **ispirava** / **sarebbe ispirato**) a Simonetta
Vespucci, una giovane dalla bellezza senza paragoni, decantata da
molti poeti e artisti dell'epoca.

正誤問題にチャレンジしましょう。本文の内容に合っていればV、間違
っていればFにチェックしてください。

1) La nascita di Venere è un racconto scritto da Botticelli tra
   il 1482-1485.   V / F
2) Questo quadro si trova nel museo degli Uffizi di Firenze. V / F
3) Per alcuni studiosi rappresenterebbe l'ideale della bellezza
   femminile secondo la cultura rinascimentale fiorentina.   V / F
4) L'immagine di Venere che nasce dal mare ha un significato
   allegorico.   V / F
5) Venere è considerata in questo quadro simbolo di purezza e
   bellezza dell'anima.   V / F
6) È nuda perché esalta la bellezza femminile fisica.   V / F
7) Venere è allegoria dell'amore inteso come forza che anima la
   Natura.   V / F
8) Il volto di Venere è ispirato a quello di una donna realmente
   esistita.   V / F
9) Il nome di Venere è Simonetta Vespucci.   V / F
10) Simonetta Vespucci era famosa per la sua bellezza.   V / F

実践イタリア語コラム 5

イタリアのワイン

イタリア語でワインについての解説を読んでみましょう。

I vini con il marchio D.O.C., prima di essere messi in commercio, devono essere sottoposti ad accurate analisi chimico-fisiche e ad un esame organolettico che certifichino il rispetto di tutti i requisiti previsti dalla legge, altrimenti non possono essere venduti come vini D.O.C. La sigla D.O.C.G., invece, comprende i vini prodotti in determinate zone geografiche già riconosciuti come D.O.C. da almeno cinque anni e che sono ritenuti di particolare pregio per le loro caratteristiche qualitative, e perché hanno acquisito rinomanza e valorizzazione commerciale a livello nazionale e internazionale. Anche questi vini devono rispettare uno specifico, ma più severo, disciplinare di produzione approvato dalla legge e prima di essere messi in commercio, devono essere sottoposti a vari esami ed analisi tra cui anche quella sensoriale, cioè all'assaggio, eseguita da un'apposita commissione.

［訳］
　D.O.C. の商標がついたワインは、市販される前に、化学的・物理的な分析や（食品の）味やにおいの検査を受けなければなりません。その検査は、法律により規定されたすべての必要条件を遵守したことを保証しており、さもなければ、D.O.C. のワインとして販売されることはできません。一方、D.O.C.G. の略号は、最低 5 年間 D.O.C. として認められ、限定された地域で生産されたワインを表します。それらは、品質的な特徴と国内外のレベルで商業的な評判や価格を獲得したことで、さらに格別の価値あるものと見なされています。これらのワインもまた法律によって認められた特別な、しかし一層厳格な生産規定を守らなければなりません。そして市販される前に様々な検査を受けなければなりません。そのなかには感覚器官に関する検査、つまり、専門の委員会によってなされる試飲の検査もあります。

比較級・最上級
Comparativi e Superlativi

▌比較級

比較級には、優等比較級「より以上」、劣等比較級「より以下」、同等比較級「同じぐらい」の 3 通りがあります。

❶ 形容詞の比較級の作り方

優等比較級	…より以上である	più ＋ 形容詞 ＋ di（または che）...
劣等比較級	…より以下である …ほど〜ではない	meno ＋ 形容詞 ＋ di（または che）...
同等比較級	…と同じぐらい〜だ	tanto ＋ 形容詞 ＋ quanto ... così ＋ 形容詞 ＋ come ...

❷ 形容詞の比較級の用法

Stefano è **più alto** *di* Andrea.
ステーファノはアンドレーアよりも背が高いです。

La Torre Eiffel è **meno alta** *della* Torre di Tokyo.
エッフェル塔は東京タワーより低いです。（エッフェル塔は東京タワーほど高くはありません）

Quest'albergo è **tanto caro quanto** quell'altro.
このホテルは、もう一方と同じぐらい料金が高いです。

▶ 形容詞の比較級の注意

1) 比較対象を示す **di** と **che** の区別

「〜よりも」と比較の対象を示すとき、di または che を区別して使います。このとき使い分けの原則は、次の通りです。

a) di ＋ 名詞・代名詞
b) che ＋ 形容詞・不定詞・副詞句（前置詞＋名詞）など a) 以外)

La mia città è più grande **de**lla *tua*.
　　　　　　　　　　　　　└比較の対象が代名詞
私の町は君のところより大きい。

La mia città è più caotica **che** *grande*.
　　　　　　　　　　　　　└比較の対象が形容詞
私の町は大きいというよりも混沌としています。

❸ 同等比較級

同等比較級では、tanto ~ quanto … と così ~ come … の置き換えが可能です。またいずれも最初の副詞（tanto と così）は省略できます。

Quest'albergo è **tanto caro quanto** quell'altro.
⌐省略可能

= Quest'albergo è **così caro come** quell'altro.
⌐省略可能

このホテルは、もう一方と同じぐらい料金が高いです。

▌形容詞の最上級

ある範囲を定めて、その中で「最も～だ」と表す最上級を「相対最上級」と言います。

※イタリア語では「絶対最上級」は「非常に～だ」という形容詞や副詞の強調形。語尾 -issimo をつける形です。

❶ 形容詞の相対最上級の作り方

> 定冠詞 ＋ più / meno ＋ 形容詞 ＋ di / fra (tra)※
> ※比較の範囲を示すとき、基本的に di を用いますが、語句が複数形の場合 fra (tra) で言い換えることもできます。

❷ 形容詞の相対最上級の用法

Questo vino è **il meno caro** *di* questo ristorante.
このワインはこのレストランでいちばん高くないものです。（いちばん安い）

Quella studentessa è **la più brava** *della* classe.
あの女子学生はクラスでいちばん優秀です。

cf. Quella studentessa è **la più brava** *fra* tutti gli studenti.
あの女子学生は全校生徒の中でいちばん優秀です。

▌副詞の比較級・最上級

副詞の場合も、作り方は形容詞と原則的に同じです。

Mi sono alzata **più presto** *di* te.
私はあなたより早く起きました。

Ho fatto i compiti **più facilmente** di quanto avessi pensato.
宿題は思ったより簡単にできました。

▶ 副詞に関する注意

1) 副詞における di と che の区別

副詞には lentamente「ゆっくりと」のように形容詞に語尾 -mente を加えて作られたものがあります。こうした副詞同士を「比較の対象」とするような場合は che を用います。

Quel professore parla **più attentamente** *che lentamente*.
　　　　　　　　　　　　　　　　　└比較の対象が -mente の副詞

あの先生はゆっくりというよりも慎重に話しています。

2) 副詞の相対最上級

副詞の場合は、〈il più ~ possibile〉「できるだけ～」と表現されます。

Carlo, torna il più presto possibile.
カルロ、できるだけ早く帰ってきて。

数量の比較

比較の副詞 (più, meno など) 自体が、動詞や名詞の修飾語となり「より多い」「より少ない」など、数や量、または程度を比較するケースがあります。

In quel periodo mio padre lavorava *più* di me.
　　　　　　　　　　　　　　　　　　　└量を比較して動詞を修飾 (副詞の役割)

あの頃、父は僕よりもたくさん働いていました。

Adesso ho *meno* soldi di Giulia.
　　　　　　　└数を比較して名詞を修飾 (形容詞の役割)

今私はジュリアよりもお金を持っていません。

参考 同等比較の場合

Ieri sera avevo tanti soldi quanti ne aveva Maria.
昨夜私はマリーアが持っているのと同じぐらいのお金を持っていました。
※数量比較で名詞を修飾する tanto と quanto の形は「修飾する名詞の性数」に一致します。

▶ 数量の比較の注意

比較の対象が「数量に関わる名詞同士」の場合は che を用います。

In quel locale c'erano più **donne** *che* **uomini**.
　　　　　　　　　　　　　　　　　└比較の対象が数を比較する名詞

その飲み屋さんには、男性よりも女性の方が多くいました。

Nell'insalata c'è più **olio** che **aceto**.
サラダには酢よりもオリーブオイルのほうが多く入っています。

特殊な比較級の形

　比較級は原則的に più, meno などの副詞を用いて作りますが、いくつか独自の比較級を持つ形容詞や副詞があります。これらは覚えるようにしましょう。

形容詞原級	比較級
buono よい、おいしい	➡ migliore
cattivo 悪い、まずい	➡ peggiore
grande 大きい	➡ maggiore
piccolo 小さい	➡ minore
alto 高い	➡ superiore
basso 低い	➡ inferiore

※形容詞の場合は più buono のように、組み合わせで比較級を作ることも可能です。

副詞原級	比較級
molto 非常に、大量に	➡ più
poco ほとんど〜ない、わずか	➡ meno
bene よく、うまく	➡ meglio
male 悪く、ひどく	➡ peggio

Questo piatto è **migliore** di quello.
= Questo piatto è **più buono** di quello.
この料理はあれよりもおいしいです。

Il signor Negri abita al piano superiore.
ネグリさんは上の階に住んでいます。

Quattro occhi vedono meglio di due.
2つより4つの目の方がよく見える。（ことわざ）
（1人より2人の方がよい考えが浮かぶ＝3人寄れば文殊の知恵）

— *Esercizi*

1. 例のように、空欄に適切な語句を入れ、優等比較級の文を完成させましょう。

例 Marco è <u>più</u> *alto* <u>di</u> Silvio.

1) Mara studia _____ _____ Giulia.

2) Passeggiare è _____ piacevole _____ correre.

3) Gina è _____ bella _____ me.

4) L'elefante è _____ basso _____ giraffa.

5) Paolo è _____ simpatico _____ bello.

6) È _____ facile scrivere _____ parlare una lingua straniera.

7) Viaggio volentieri _____ in treno _____ in aereo.

8) Dimagrire è molto _____ difficile _____ ingrassare!

9) Passo _____ spesso da mia nonna _____ da mia madre.

10) Mi piacciono _____ i pantaloni _____ gonne.

11) Sono _____ brava a mangiare _____ a fare le torte.

12) Mario è _____ attento a risparmiare _____ a spendere.

2. 例のように、空欄に適切な語句を入れ、劣等比較級の文を完成させましょう。

例 Angela è meno *giovane di* Natalia.

1) Mangio _____ frutta _____ verdura.

2) Anna è _____ magra _____ sua sorella.

3) Ti assicuro che lei è _____ timida _____ me.

4) Mi piace _____ abitare in campagna _____ in città.

5) Il mio gatto è _____ pigro _____ mio cane.

6) Giocare a tennis è _____ divertente _____ giocare a

calcio.

7) Purtroppo guadagnare i soldi è _____ facile _____ spenderli!

8) Luigi è _____ affascinante _____ suo fratello.

9) In inverno sto _____ bene _____ in estate.

10) Quel ragazzo è _____ abile _____ forte.

11) Siamo _____ interessati all'arte _____ alla cucina italiana.

12) Mia figlia è _____ rumorosa _____ mio figlio.

3. 例のように、空欄に適切な語句を入れ、同等比較級の文を完成させましょう。

例 Questo libro è tanto interessante *quanto* quello.

1) Carlo è tanto gentile _____ suo padre.

2) Lisa è alta _____ Andrea.

3) I leoni sono tanto forti _____ pigri.

4) Firenze è _____ bella quanto costosa.

5) Il campanile di Giotto non è tanto alto _____ la torre di Pisa.

6) Il vino francese è buono _____ quello italiano.

7) Parlare troppo è tanto fastidioso _____ non parlare mai.

8) Maria, i tuoi fiori sono _____ belli quanto profumati!

9) Fulvio lavora tanto velocemente _____ sbadatamente.

10) Ho speso _____ _____ mi aspettavo.

11) È una ragazza tanto brava _____ bella.

12) Quella casa è _____ silenziosa quanto una chiesa.

4. イタリア語には、come を用いた慣用表現がたくさんあります。左の形容詞群と右の名詞群の意味を比較しながら、「カメのようにのろい」などのように同等比較として適切なものを結びつけてみましょう。

1) fedele •
2) testardo •
3) pauroso •
4) vanitoso •
5) muto •
6) stupido •
7) rosso •
8) feroce •
9) brutto •
10) lento •

come

• a) un cane
• b) una tigre
• c) una lumaca
• d) un gambero
• e) una scimmia
• f) un'oca
• g) un mulo
• h) un pavone
• i) un pesce
• l) un coniglio

5. 例のように、（　　）内の語句を用い、優等最上級（il più など）の疑問文を完成させましょう。さらに、その質問に対する適切な答えを a)～c) から選んでみましょう。

例 Qual è *la città più grande* d'Italia? (città/grande)
a) Roma   b) Napoli   c) Venezia ➡ *a) Roma*

1) Qual è _____ d'Italia?
(fiume/lungo)

a) Tevere   b) Po   c) Adige

2) Qual è _____ d'Italia?
(università/antica)

a) Urbino   b) Venezia   c) Bologna

3) Qual è _____ d'Italia?
(monte/alto)

a) Cervino   b) Monte Bianco   c) Monte Rosa

4) Qual è＿＿＿＿＿＿＿＿＿＿＿＿＿＿＿＿＿ d'Italia?
(regione/piccola)

a) Basilicata   b) Valle d'Aosta   c) Molise

5) Qual è＿＿＿＿＿＿＿＿＿＿＿＿＿＿＿＿＿ d'Italia?
(isola/grande)

a) Sicilia   b) Sardegna   c) Isola d'Elba

6. 文意に合うように、下の語群から適切な語句を選んで入れましょう。

1) Sono nata nel 1985 e mia sorella ＿＿＿＿＿＿ è nata due anni dopo.

2) Quando fa molto caldo è ＿＿＿＿＿＿ bere molto.

3) Il vino francese è ＿＿＿＿＿＿ di quello americano.

4) Sto proprio male, mi sento ＿＿＿＿＿＿ di ieri!

5) Per rilassarsi la cosa ＿＿＿＿＿＿ da fare è andare in vacanza.

6) Non c'è cosa ＿＿＿＿＿＿ dell'inganno!

7) Pietro è il ＿＿＿＿＿＿ dei due fratelli.

8) Il mio italiano non è molto buono, ma il suo è ＿＿＿＿＿＿.

9) Sono a dieta, mangio ＿＿＿＿＿＿ pasta e ＿＿＿＿＿＿ insalata.

> peggiore / meglio / migliore / peggio / migliore /
> peggiore / maggiore / meno / più / minore

7. 次の文には誤りが1箇所あります。それに下線を施し、正しいものを書きましょう。

例 Viaggiamo più in macchina <u>quanto</u> in treno. ➡ *che*

1) Luigi e Vito giocano molto bene, ma Franco gioca migliore di loro.

＿＿＿＿＿＿＿＿

2) Il tuo orologio è più preciso che il mio.   ＿＿＿＿＿＿＿＿

3) Questa stanza è più luminosa della casa.   ＿＿＿＿＿＿＿＿

4) Abbiamo fatto un lavoro più faticoso di utile. _____

5) In Giappone l'estate è più umida di calda. _____

6) Luana è alta come io. _____

7) Camminare velocemente fa bene così correre. _____

8) Questo cognac è buono, ma l'altro è più bene. _____

9) Scrivere è più difficile come leggere. _____

10) L'italiano è meno facile che l'inglese. _____

8. 次の文はイタリアのことわざです。比較級を正しく選んで、ことわざを完成させてください。

1) [Migliore / Meglio] soli che male accompagnati.

2) [Tanto / Quanto] va la gatta al lardo che ci lascia lo zampino.

3) Al [peggio / peggiore] non c'è mai fine.

4) Meglio un uovo oggi [che / di] una gallina domani.

5) Conta [meno / più] la pratica che la grammatica.

6) Donne e uomini gelosi sono i [più / meglio] pericolosi.

7) Il più conosce il [minore / meno].

8) La fame è il [peggiore / miglior] condimento.

9) La [meglio / miglior] vendetta è il perdono.

10) Meglio tardi [che / di] mai.

11) L'amore è [come / che] il cetriolo: dolce all'inizio, amaro alla fine.

12) I parenti sono come le scarpe, [più / meno] sono stretti e più fanno male.

実践イタリア語コラム **6**

薬と薬局

イタリア語で薬と薬局についての解説を読んでみましょう。

In Italia nelle farmacie e nelle parafarmacie è possibile acquistare farmaci da banco cioè farmaci che non hanno bisogno della ricetta medica e che servono ad automedicarsi. Di solito è sufficiente dire al farmacista di quale disturbo si soffre e il farmacista propone il farmaco più adatto, ma è utile anche saper leggere qualcosa del foglietto informativo che accompagna le medicine. Queste sono le voci più importanti:

1) Composizione: quello che è contenuto nella medicina.

2) Categoria farmaco terapeutica: a cosa serve il farmaco.

3) Forma farmaceutica e contenuto: tipo di farmaco è. (compresse, sciroppo, supposte, ecc.)

4) Indicazioni terapeutiche: quale malattia è adatta a curare.

5) Precauzioni per l'uso: se è un farmaco che per esempio si può assumere in gravidanza ecc.

6) Dose, modo e tempo di somministrazione: quanto, come e quando prendere la medicina. (per esempio, 2 compresse dopo i pasti.)

7) Effetti indesiderati: quali disturbi questo farmaco comporta.

8) Data di scadenza: fino a quando si può prendere.

［日本語訳］
　イタリアでは、薬局や準薬局で「カウンターの薬」を手に入れることができます。つまり、医者の処方箋が必要なく、自己治療に使える薬のことです。通常は薬剤師にどのような症状で苦しんでいるのかを伝えれば十分で、薬剤師はそれに最も適した薬を勧めてくれますが、薬についている説明書きの紙を読めるとまた手助けになります。そこに書かれる最も重要な項目は次の通りです。1)組成分（薬の中に含まれる物）　2)薬理療法上の分類（その薬が何に効くのか）　3)薬の形式と内容。どんな型の薬なのか（錠剤、シロップ、座薬など）　4)治療の指示（どんな病気の治癒に適しているか）　5)使用上の注意（例えば、妊娠中に服用できる薬かどうか、など）　6)1回の服用量、投薬の方法と間隔。薬をどれだけ、どのように、いつ服用するのか（例えば、毎食後2錠、など）　7)副作用（この薬がどんな障害をもたらすかどうか）　8)有効期限（いつまで服用できるか）

関係代名詞
Pronomi relativi

▌関係代名詞

　関係代名詞とは、先行詞（名詞または代名詞）と従属節をつなぐ代名詞のことです。この従属節は、先行詞に説明を加えるもので「関係詞節」とも呼ばれます。

　　Il ragazzo **che** *ho conosciuto alla festa* si chiama Andrea.
　　　└先行詞　　└関係代名詞 └関係詞節

　　私がパーティーで知り合った男の子はアンドレーアといいます。

❶ 関係代名詞 che

　先行詞が関係詞節において、本来は「主語」または「直接目的語」の役割を果たすならば、che を関係代名詞とします（英語のように、先行詞が人や物で区別することはありません）。

　　Conosci il ragazzo **che** è venuto alla festa con Paola?
　　君はパオラと一緒にパーティーに来た男の子を知ってる？

　この文は次の2つの文が結合したものです。

　　= Conosci *il ragazzo*? + *Il ragazzo* è venuto alla festa con Paola.
　　　　　　　　　　　　　　└主語

　　Il ragazzo **che** mi hai presentato è simpaticissimo.

　　= *Il ragazzo* è simpaticissimo. + Mi hai presentato *il ragazzo*.
　　　　　　　　　　　　　　　　　　　　　　　　└直接目的語

　　あなたが私に紹介してくれた男の子はすごく感じがよいです。

❷ 関係代名詞 cui

　先行詞が関係詞節において、本来は「前置詞を伴う名詞」である場合、〈**前置詞 + cui**〉を関係代名詞とします。このとき cui は、必ず先行詞が伴っていた前置詞と結びつきます。

　　Il ragazzo **con cui** ho parlato a scuola è bravissimo.

　　= *Il ragazzo* è bravissimo. + Ho parlato a scuola *con il ragazzo*.
　　私が学校で話した男の子はとても優秀です。

　　Il ragazzo **(a) cui** hai consegnato un libro è mio cugino.

　　= *Il ragazzo* è mio cugino. + Hai consegnato un libro *al ragazzo*.
　　　　　　　　　　　　　　　　　　　　　　　　　　└前置詞 a + 名詞

　　君が本を渡した男の子は、僕のいとこです。
　　※間接目的語を受ける a cui は、前置詞を省略してもかまいません。

La villa **in cui** abitiamo è del Settecento.

= *La villa* è del Settecento. + Abitiamo *nella villa*.

前置詞 + 名詞

私たちが住んでいる邸宅は 1700 年代のものです。

※in cui, a cui, su cui など〈前置詞 + cui〉が場所を示す場合 dove で言い換えることもできます。このときの dove は「関係副詞」となります。

= La villa **dove** abitiamo è del Settecento.

（意味は上に同じ）

▶ 所有を表す関係代名詞 cui の用法

〈定冠詞 + cui + 名詞〉の形で、cui は先行詞を受けつつ「その〜」と所有形容詞のような役割を果たします。

È un'attrice **il cui nome** è noto a tutti.

= È un'attrice. + **Il** *nome* **dell'attrice** (= Il suo nome) è noto a tutti.

彼女はその名がすべての人に知れ渡った女優です。

※このとき、定冠詞は「cui の後に続く名詞の性と数」に一致させることにも注意しましょう。

❸ 関係代名詞〈定冠詞 + quale〉

この形は、既出の che と cui の働きをあわせ持つものです。その特徴は、先行詞の性数に〈定冠詞〉と〈quale〉の形を一致させる点にあります。そのため、正確に先行詞を特定できるので、万全を期するための文章語として有効です。その一方で、やや冗長になるため、日常の話し言葉ではあまり用いられません。

1) che に相当する用法

先行詞の性と数に合わせて、il quale, la quale, i quali, le quali と変化します。

Il figlio della signora Masino, **il quale** (= che) gentilmente mi

関係詞節の主語

ha indicato la strada poco fa, è il nuovo sindaco.

さっき親切に道を教えてくれた、マジーノさんの息子さんが新しい市長です。

※che ではなく il quale とすることで、先行詞は男性単数形、ここでは il figlio にかかることが明確になります。このように〈定冠詞 + quale〉の用法は、誤解や曖昧さを避けるために有効です。

2) cui に相当する用法

〈前置詞 + 定冠詞 + quale〉の形で〈前置詞 + cui〉と同じ意味を持ちます。このとき、前置詞 a, da, di, in, su のときは〈前置詞 + 定冠詞〉の結合形となります。

Questi sono gli amici **con i quali** (= con cui) siamo andati in vacanza.
この人たちは、一緒にバカンスに行った友だちです。

Le è piaciuta tanto la città **nella quale** (= in cui) sono nato.
彼女は僕の生まれた町を大変気に入ってくれました。

❹ 先行詞を含む関係代名詞 chi, quanto

1) chi「〜する人」（単数形としてのみ）

Chi vuole partecipare al concorso, deve spedire la cartolina entro la fine di questo mese.
コンクールに参加したい人は、今月末までにハガキを送らなければなりません。

2) quanto「〜するもの・こと」（単複の用法あり）

Ciò è contro **quanto** ha detto prima.
それは彼が初めに言ったことと食い違っています。

Ecco i cioccolatini! Prendine **quanti** ne vuoi.
ほら、チョコレートだよ。欲しいだけ取りなさい。

複数形の用法の場合は、「人」を示すこともあります。

Quanti non sono d'accordo possono andarsene.
同意しない方は退席してかまいません。

❺ 〈指示代名詞 ＋ 関係代名詞〉の用法

指示代名詞 quello はしばしば関係代名詞と組み合わさって、「〜する人」「〜すること」などを表します。既出の chi, quanto を、この用法で言い換えることもできます。

Non riesco a capire **quello che** dice.
彼の言うことが理解できません。
※quello che は quel che と表記されることもあります。

Tutti quelli che ti conoscono si fidano di te.
君を知っている人はみな、君を信用している。

▬ *Esercizi*

1. 文中に示された che または cui の用法のうち適切な方を選びましょう。

1) Il ragazzo (che / con cui) hai ballato è molto carino.

2) La signora (a cui / che) hai telefonato, richiamerà più tardi.

3) Il treno (che / con cui) devo partire è in ritardo.

4) Il libro (su cui / che) è sul tuo tavolo è mio.

5) I turisti comprano volentieri nei negozi (cui / che) sono in piazza.

6) Questa è la regione (che / in cui) si produce il vino che preferisco.

7) Non ricordo il nome della rivista (in cui / che) ho letto l'articolo su Benigni.

8) Non capisco il motivo (per cui / che) i musei sono chiusi il pomeriggio.

9) La foto (che/ su cui) è nel dépliant mi piace moltissimo.

10) La cosa (di cui / che) vorrei parlarti è molto importante.

11) I fiori (cui /che) mi hai regalato sono molto belli.

12) Questa è la piazza (in cui / che) c'è una famosa statua di Michelangelo.

13) Il tiramisù è il dolce (di cui / che) preferisco.

14) La ragazza (con cui / che) sono uscito era molto noiosa.

15) Il dottore (da cui / che) sono andata è molto bravo.

2. 関係代名詞で結ばれる文が右と左に分かれています。適切なものを線で結びましょう。

1) L'amico a cui •   • a) ho messo i miei soldi.

2) La macchina su cui •   • b) preferisco è il bianco.

3) Ho visto uno spet- •   • c) non mi è piaciuto affatto.
   tacolo che

4) Non mi fido della •   • d) dormo è troppo morbido.
   banca in cui

5) La canzone che •   • e) ti ho parlato ha vinto un
                                                 premio letterario.

6) Il libro di cui •   • f) non esco con te è chiaro!

7) Il motivo per cui •   • g) ha vinto il festival è molto
                                                 bella.

8) I ragazzi con cui •   • h) siamo usciti sono stranieri.

9) Il letto in cui •   • i) ho prestato la macchina si
                                                 chiama Leandro.

10) Il vino che •   • l) viaggiano i miei amici è
                                                 nuovissima.

3. 例のように、2つの文を関係代名詞でつなげましょう。先行詞とするべき単語に下線が施されています。

例 Abito in una casa. <u>La casa</u> è piccola. ➡ *La casa in cui abito è piccola.*

1) Ho incontrato una ragazza. <u>La ragazza</u> si chiama Flavia.

_____

2) Ho prestato il libro alla ragazza. <u>La ragazza</u> è mia cugina.

_____

3) Vi parlo di un film. <u>Il film</u> è di Benigni.

_____

4) Vado a salutare una mia amica. <u>L'amica</u> è molto simpatica.

5) Luigi mi ha regalato un orologio. L'orologio è bellissimo!

6) La chiesa è sulla collina. La collina è abbastanza alta.

7) Scrivo sul computer. Il computer è vecchio.

8) Paola non viene per un motivo. Il motivo è grave.

9) Sono andato da alcuni amici. Gli amici sono tedeschi.

10) Metto su Facebook le foto. Le foto sono dell'ultimo viaggio.

4. 下線部の関係代名詞を、il quale / la quale / i quali / le quali のいず
れかに置き換えてみましょう。

例 La casa che hanno comprato è molto grande. ➡ *la quale*

1) Ho conosciuto una ragazza che parlava molto bene il russo.

2) Il libro che mi hai regalato è molto bello.

3) I bambini che cantano sono cinesi non coreani.

4) La macchina che ha vinto è una Ferrari.

5) La pasta che hai cucinato è buonissima.

6) Le madri <u>che</u> stanno con i loro bambini sono più felici delle altre.

7) Le sigarette <u>che</u> fumi hanno un cattivo odore.

8) La ragazza <u>che</u> mi ha telefonato è mia cugina.

9) Ho già speso tutti i soldi <u>che</u> mi hai prestato.

10) Non sopporto i cani <u>che</u> abbaiano di notte.

5. 下線部の関係代名詞を、〈前置詞 + il quale/la quale/i quali/le quali〉のいずれかに置き換えてみましょう。

1) L'aereo <u>su cui</u> l'attore viaggia è atterrato in ritardo.

2) Cristina è l'amica <u>su cui</u> posso sempre contare.

3) La donna <u>con cui</u> sono uscito spesso è di Milano.

4) Il tavolo <u>su cui</u> hai messo i libri è sporco!

5) L'uomo <u>a cui</u> ho chiesto l'informazione era straniero.

6) Il film <u>di cui</u> si è tanto parlato non mi è piaciuto.

7) La ragione <u>per cui</u> non ti rispondo è che sono molto occupato.

_____

8) La città <u>in cui</u> si mangia meglio è Bologna.

_____

9) Le amiche <u>con cui</u> esco sono simpaticissime.

_____

10) Mi piacciono tanto i giardini <u>in cui</u> ci sono le fontane.

_____

6. 例のように、質問文に対し、( ) 内の語句を用いて答えましょう。ただし、関係代名詞を用いることで不必要になるものもあるので注意すること。

例 ○ Chi sono Carlo e Andrea? (ti ho parlato di loro)
　 ● *Sono i ragazzi di cui (または dei quali) ti ho parlato.*

1) ○ Chi sono Marco e Fabio? (vado spesso da loro)

　 ● _____

2) ○ Chi sono Stefano e Davide? (gioco a pallone con loro)

　 ● _____

3) ○ Chi sono Elio e Giovanni? (ho prestato la mia macchina a loro)

　 ● _____

4) ○ Chi sono Maria e Giulia? (ho ricevuto molti regali da loro)

　 ● _____

5) ○ Chi sono Laura e Irene? (mi fido molto di loro)

　 ● _____

6) ○ Chi sono Angela e Monica? (ho fatto una festa per loro)

　 ● _____

7. 例のように、空欄に所有を表す関係代名詞を入れ、文を完成させましょう。

例 Il pittore *le cui* opere sono molto famose, ha inaugurato una mostra l'altro giorno.

1) Yuko _____ madre è italiana, è tornata a vivere a Roma.

2) Gianna, _____ figli sono molto bravi a scuola, insegna latino.

3) Quella è Simona, _____ sorella ha sposato mio fratello.

4) Gli studenti _____ compiti ho corretto ieri sono stranieri.

5) Una ditta straniera, _____ affari vanno benissimo, ha comprato la mia azienda.

6) Bertolucci, _____ ultimo film ha vinto 9 Oscar, girerà presto un nuovo film.

7) Non conosco la signora _____ borsetta è caduta a terra.

8) La Ferrari, _____ macchine sono bellissime, ha di nuovo perso il Gran Premio!

8. 文意をよく考え、関係代名詞 chi または che を入れましょう。

1) _____ vuole studiare l'arte rinascimentale deve andare a Firenze.

2) Non sopporto _____ fa tante domande.

3) Quelle _____ hai conosciuto sono le mie nipoti.

4) _____ beve molto caffè, non si addormenta facilmente.

5) Ci sono persone _____ leggono l'oroscopo ogni giorno.

6) _____ parla sempre di se, è un egocentrico.

7) I cavalli sono gli animali _____ amo di più.

8) Secondo me _____ ama mangiare sa cucinare molto bene.

9) Non mi piace _____ beve troppo.

10) _____ studia regolarmente, impara velocemente.

9. 次の会話文を読みながら、例のように 1)～8) の関係代名詞が具体的に示す単語をイタリア語で書き出しましょう。

Rosa: Ieri sera ho finito di leggere Gomorra, il libro 例che mi ha consigliato Giorgio e 1)di cui si parla tanto... è un libro davvero sconvolgente!

Marina: E chi è l'autore?

Rosa: È uno scrittore molto giovane e fino a poco tempo fa sconosciuto... 2)il cui nome al momento mi sfugge... aspetta! Ecco qua, si chiama Roberto Saviano.

Marina: Ah sì, ne ho sentito parlare! È un giornalista, leggo sempre il giornale 3)per cui scrive, si occupa di mafia e di camorra, se non sbaglio...

Rosa: Sì, infatti, in Gomorra, il libro 4)di cui ti parlavo, racconta proprio dei loro affari criminali e del loro rapporto con la politica, 5)i cui legami sono incredibili e allarmanti, devi assolutamente leggerlo!

Marina: Va bene, ma io preferisco libri d'altro genere... libri 6)che fanno sognare e 7)sui quali non devo stare troppo a riflettere...

Rosa: Bè, ogni tanto fa bene a tutti leggere libri 8)che fanno riflettere e non solo evadere dalla realtà!

例 *il libro*

1) _____   2) _____

3) _____   4) _____

5) _____   6) _____

7) _____   8) _____

接続法現在・過去
Congiuntivo presente e passato

　直説法が、現実に即した事柄を言い表すのに対して、接続法は、不確実な事柄を述べる際の従属節で用いられます。例えば、「これはダイヤだ」という言い方は事実を述べていますが、「これはダイヤだと思う」となると不確実な意味合いを含みます。その部分に用いる動詞が接続法です。

┃接続法現在

❶ 接続法現在の活用

　規則活用は次の通りです。

	parlare	prendere	dormire	finire
io	parli	prenda	dorma	finisca
tu	parli	prenda	dorma	finisca
lui/lei/Lei	parli	prenda	dorma	finisca
noi	parliamo	prendiamo	dormiamo	finiamo
voi	parliate	prendiate	dormiate	finiate
loro	parlino	prendano	dormano	finiscano

※一人称〜三人称の単数形はすべて同じ形になるのが特徴です。

❷ 不規則活用

　直説法現在が不規則活用の動詞は、基本的に接続法でも不規則です。代表的なものを覚えましょう。

	andare	venire	volere	dovere
io	vada	venga	voglia	debba
tu	vada	venga	voglia	debba
lui/lei/Lei	vada	venga	voglia	debba
noi	andiamo	veniamo	vogliamo	dobbiamo
voi	andiate	veniate	vogliate	dobbiate
loro	vadano	vengano	vogliano	debbano

	essere	avere	fare	stare
io	sia	abbia	faccia	stia
tu	sia	abbia	faccia	stia
lui/lei/Lei	sia	abbia	faccia	stia
noi	siamo	abbiamo	facciamo	stiamo
voi	siate	abbiate	facciate	stiate
loro	siano	abbiano	facciano	stiano

※ essere の活用形は特殊なので、覚えるようにしましょう。

❸ 接続法現在の用法

1)「〜と思う」「〜と信じる」など、主観的な思いを示す動詞とともに

Penso che Mario sia d'accordo con me.
私はマリオが私に賛同していると思います。

Credo che Roberta parli tedesco.
ロベルタはドイツ語を話すと思うよ。

そのほか、immaginare（想像する）、supporre（推測する）、dubitare（疑う）などの動詞が接続法を導きます。

2)「〜してほしい」「〜を願う」など、個人的な希望・願い・不安などを表す動詞とともに

Voglio che venga alla festa anche tu.
君にもパーティーに来てほしい。

Speriamo che torniate il più presto possibile.
僕らは、君たちができるだけ早く戻るのを願っているよ。

Temo che perdano il treno.
彼らが電車に乗り遅れるのではないかと心配です。

そのほか、desiderare（望む）、pregare（願う）、augurarsi（願う）、avere paura（恐れる、心配する）などが接続法を導きます。

3)「〜の方がよい」「〜のようだ」「〜かもしれない」など、判断や可能性を表す非人称的構文において

È meglio che lui non sappia niente.
彼は何も知らない方がよい。

Mi sembra che lavorino troppo.
私には彼らが働き過ぎのように思えます。

そのほか、parere（思われる）、bisognare（必要がある）、essere necessario（必要だ）、dispiacere（残念だ）、essere probabile（ありそうだ）、può darsi（かもしれない）などの非人称的表現が接続法を導きます。

接続法過去

❶ 接続法過去

主動詞（現在形）が接続法を導くとき、従属節の内容が主動詞より以前のこととならば、接続法過去が用いられます。

Penso che Mario sia già partito.
_{主動詞}   _{接続法過去（主動詞以前）}

マリオはもう出発したと思います。

❷ 接続法過去の作り方

> **avere または essere の接続法現在 ＋ 過去分詞**
> ※avere, essere いずれをとるかは近過去（Capitolo 3）と同じです。

❸ 接続法過去の用法

Penso che Paola sia già tornata a casa.
パオラはもう家に帰ったと思います。

Mi sembra che i bambini si siano divertiti tanto.
子供たちはすごく楽しんだように思います。

Ho paura che abbiano fatto tardi.
彼らが遅刻したのではないかと私は心配です。

❹ 接続法現在と過去のイメージ

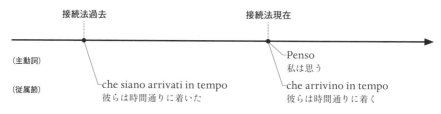

上のイメージは次のような文になります。

1) Penso che arrivino in tempo.
　　彼らは時間通りに着くと思います。

2) Penso che siano arrivati in tempo.
　　彼らは時間通りに着いたと思います。

══ *Esercizi*

1. 接続法現在の活用表を完成させましょう。

規則活用

	1) mangiare	2) leggere	3) partire	4) capire
io				
tu	mangi			
lui/lei/Lei			parta	
noi				
voi		leggiate		
loro				capiscano

不規則活用

	5) essere	6) fare	7) andare	8) avere
io				abbia
tu		faccia		
lui/lei/Lei				
noi				
voi			andiate	
loro	siano			

2. a) と b) の 2 つの文のうち、直説法または接続法の用法が適切な方を選びましょう。

1) a) Telefona a Sandra. Penso che a quest'ora è tornata a casa.
   b) Telefona a Sandra. Penso che a quest'ora sia tornata a casa.

2) a) Secondo me hai ragione tu.
   b) Secondo me abbia ragione tu.

3) a) Penso che adesso è un po' tardi per andare al cinema.

b) Penso che adesso sia un po' tardi per andare al cinema.

4) a) Ho saputo che i miei genitori hanno avuto un incidente ieri sera.

b) Ho saputo che i miei genitori abbiano avuto un incidente ieri sera.

5) a) Il nuovo vicino è giapponese, ma mi sembra che parli molto bene l'italiano.

b) Il nuovo vicino è giapponese, ma mi sembra che parla molto bene l'italiano.

3. （　　）内の活用形のうち、正しいものを1つ選んで文を完成させましょう。さらに、和訳してみましょう。

1) Spero che il mio ragazzo (dica / dice / dicano) la verità.

_____

2) È necessario che Roberta (parla / parli / parlino) con loro.

_____

3) Domani mattina è meglio che tu (ti alzi / ti alzano / ti alza) un po' prima.

_____

4) Spero che Giorgio mi (telefonino / telefona / telefoni) presto.

_____

5) Bisogna che voi (lavorate/ lavorato / lavoriate) di più.

_____

6) Desidero che domani ci (sia/ sta / siate) il sole.

_____

7) Mi sembra che Maria (bevi / beve / beva) troppo caffè.

_____

8) È poco probabile che Anna e Giulia (sia / siano / siamo) a Venezia.

9) Ho paura che Mauro non (vuole / voglia / volga) rimanere più qui.

10) Bisogna che io (dici / dico / dica) tutto a mio marito!

4. 例のように、従属節（che 以下）の主語を変え、全文を書き換えましょう。

例 Credo che lui mangi troppo. (loro)

➡ *Credo che loro mangino troppo.*

1) Penso che loro arrivino in tempo. (lei)

2) Spero che tu mi telefoni. (voi)

3) È meglio che lo chiami tu. (io)

4) Mi auguro che loro tornino presto. (lei)

5) Pare che lei sia partita in fretta. (loro)

6) È difficile che noi accettiamo. (lui)

7) Temo che lei viaggi di notte. (tu)

8) È possibile che io lavori sabato prossimo. (noi)

9) Può darsi che lui venga più tardi. (voi)

_____

10) È possibile che io sbagli. (loro)

_____

5. （　　）内の動詞を接続法現在で活用させ、文を完成させましょう。

1) Non credo che tu _____ una persona molto timida. (essere)

2) Immagino che voi _____ molto bene in questa famiglia. (trovarsi)

3) Temo che anche domani ci _____ lo sciopero degli autobus. (essere)

4) Non credo che Lei _____ conto della gravità del problema. (rendersi)

5) Credo che voi _____ molto bene ad accettare quel lavoro. (fare)

6) Pare che Romolo _____ un gran bravo ragazzo. (essere)

7) Mi dispiace che tu non _____ stasera con noi. (uscire)

8) Ho l'impressione che proprio Luisa non mi _____ quando parlo. (capire)

9) Bisogna che voi _____ subito a casa. (tornare)

10) È meglio che io _____ a dormire, sono molto stanco. (andare)

6. 空欄に接続法過去の助動詞（avere または essere）を入れ、文を完成させましょう。

例 Può darsi che io mi *sia* sbagliato.

1) Penso che loro ＿＿＿＿＿＿＿ già partiti per Londra.

2) Spero che voi ＿＿＿＿＿＿＿ mangiato bene.

3) È probabile che loro ＿＿＿＿＿＿＿ tornati in treno.

4) Immagino che Mario se ne ＿＿＿＿＿＿＿ dimenticato!

5) Non capisco perché tu non mi ＿＿＿＿＿＿＿ più telefonato.

6) Mi sembra che loro ＿＿＿＿＿＿＿ scesi ad un'altra fermata dell'autobus.

7) Temo che voi non ＿＿＿＿＿＿＿ detto la verità.

8) Penso che a Lucia il film non ＿＿＿＿＿＿＿ piaciuto molto.

9) Ho paura che voi non ＿＿＿＿＿＿＿ capito la lezione.

10) Mi sembra che Mara ＿＿＿＿＿＿＿ nata nel 1970.

7. （　　）内の動詞を接続法過去に変え、文を完成させましょう。

1) Dubito che Anna ＿＿＿＿＿＿＿＿＿ molte volte in Germania, non parla una parola di tedesco! (stare)

2) Siamo felici che voi ＿＿＿＿＿＿＿＿＿ il nostro invito. (accettare)

3) È poco probabile che Mauro ＿＿＿＿＿＿＿＿＿ a fare le vacanze. (rinunciare)

4) Non capisco perché il padre le ＿＿＿＿＿＿＿＿＿ di uscire con le amiche. (proibire)

5) Ho paura che Paolo ＿＿＿＿＿＿＿＿＿ già ＿＿＿＿＿＿＿＿＿ a Roma. (trasferirsi)

6) Ci dispiace che nessuno ci ＿＿＿＿＿＿＿＿＿ della festa. (dire)

7) Temo che mio fratello non ＿＿＿＿＿＿＿＿＿ l'esame di guida. (superare)

8) Mi auguro che Carlo ti _____ i soldi. (restituire)

9) Speriamo che Silvia _____ qualcosa di buono. (cucinare)

10) Quanta neve! Sembra _____ tutta la notte. (nevicare)

8. 例のように、指定の語句の後に続けて、自分の意見を述べる文を完成させましょう。

例 Mio figlio guarda troppa tv.
➡ Credo che *mio figlio guardi troppa tv.*

1) Hai ragione tu.

Penso che _____

2) Tu ieri sera hai bevuto un po' troppo.

Secondo me _____

3) Alessandro parla molto bene l'inglese.

Non mi sembra che _____

4) Simona usa molto la macchina.

Penso che _____

5) I negozi hanno aumentato i prezzi.

Mi sembra che _____

6) Quel mobile è veramente antico.

A mio avviso _____

7) I ragazzi hanno fatto molto tardi.

Temo che _____

8) Franca è molto gelosa del suo ragazzo.

Può darsi che _____

9) Quei bambini sono molto rumorosi.

Credo che _____

10) Luigi fa di nuovo tardi.

Ho paura che _____

9. 文意をよく考え、（　　）内の動詞を接続法現在か接続法過去、いずれか適切な方で活用させましょう。

1) Mi sembra impossibile che _____ tanto tempo! (passare)

2) ○Andrea è ancora a casa?

●No, credo che _____ già
_____ per le vacanze. (partire)

3) Mi auguro che Carlo non gli _____ queste cose domani. (raccontare)

4) Mi dispiace molto che loro ti _____ così improvvisamente. (licenziare)

5) ○Sta tirando un forte vento fuori?

●Sì, abbastanza, ma mi sembra che non _____ molto freddo. (fare)

6) Può darsi che Claudia _____ gli occhiali da sole al bar dove abbiamo preso il caffè dopo pranzo. (lasciare)

7) Ho paura che tu _____ l'influenza l'altro giorno. (prendere)

8) Si dice che quella donna _____ almeno tre volte. (sposarsi)

9) Mi dispiace che il viaggio che hai fatto _____ così faticoso. (essere)

10) Sta piangendo a dirotto. Penso che questo bambino _____ fame e _____ tornare a casa. (avere, volere)

10. 次の会話文を読んで、以下の設問に答えましょう。

Agatha: Trovo che Firenze 1(essere)_____ una città bellissima! Mi piace e mi ci trovo bene... e poi mi sembra che 2(essere) _____ una città molto viva e che ci 3(essere)_____ tante cose da fare e da vedere.

Karl: Io invece, non sono così soddisfatto come Agatha...ci sono molte cose che non mi piacciono... ad esempio penso che ci 4(essere)_____ troppi turisti. Anch'io sono un turista oltre che uno studente, ma mi piacerebbe avere più contatto con gli italiani e non con altri stranieri.

Sabina: A me invece fa piacere che ci 5(essere)_____ in giro tanta gente di tutte le nazionalità... credo che in una città più internazionale si 6(potere)_____ conoscere gente più interessante... piuttosto trovo che 7(essere)_____ tutto troppo caro, non so se 8(costare)_____ così care anche le altre città italiane o 9(essere)_____ colpa del turismo.

Miho: A me invece sembra che il problema più grave 10(essere) _____ che la gente è molto maleducata e che non parli volentieri con gli stranieri ... e poi è difficile che degli stranieri come noi 11(incontrare)_____ dei giovani e 12(fare) _____ conoscenza con degli italiani.

John: Io non sono d'accordo con Miho, mi sembra che qui 13(essere)_____ molto facile conoscere gente, soprattutto giovani, almeno per me... suppongo che Miho non 14(avere)_____ fatto molte conoscenze perché immagino che 15(essere)_____ una ragazza piuttosto timida, ma è così carina che dubito che 16(potere)_____ sfuggire agli sguardi dei ragazzi italiani!

設問［1］ 文中の 1)〜16) の動詞を、文脈に即して接続法で活用させましょう。

1) _____	2) _____	3) _____
4) _____	5) _____	6) _____
7) _____	8) _____	9) _____
10) _____	11) _____	12) _____
13) _____	14) _____	15) _____
16) _____		

設問［2］ 会話文を理解し、次の文がその内容に合っていれば V、間違っていれば F にチェックしましょう。

1) Secondo Agatha Firenze è una città un po' noiosa anche se ci sono tante cose da fare e da vedere.　　　V / F

2) A Karl non piace il fatto che ci sono tanti turisti.　　　V / F

3) Karl cerca di fare conoscenza con più gente del luogo che con turisti.　　　V / F

4) A Sabine fa piacere che Firenze sia una città internazionale.

　　　V / F

5) Sabine pensa che a causa della recessione economica, Firenze sia una città molto cara.　　　V / F

6) A Miho dispiace che ci siano poche occasioni di fare amicizia con i ragazzi italiani.　　　V / F

7) Secondo Miho gli stranieri sono antipatici agli italiani.　　　V / F

8) Anche secondo John è molto difficile conoscere gente a Firenze.

　　　V / F

9) A parere di John, Miho piacerà a molti ragazzi italiani se diventerà più aperta e intraprendente.　　　V / F

接続法を導くさまざまな用法
Espressioni con il congiuntivo

Capitolo 13 で学んだ接続法の用法のほか、さまざまな条件のもとで接続法が用いられます。

1) 譲歩「〜にもかかわらず」を表す接続詞とともに

Nonostante *sia* ricco, il signor Ferri è un avaraccio.
金持ちなのに、フェッリ氏はけちだ。

Malgrado *abbia ormai compiuto* 70 anni, continua a andare in piscina ogni fine settimana.
彼はもう70歳になったのに、毎週末プールに通い続けています。

そのほか、benché, sebbene（ともに「〜にもかかわらず」）が接続法を導きます。

※同じ意味の anche se は、直説法で表現します。

Anche se sono poveri, sembrano felici.
彼らは貧しくとも、幸福そうだ。

2) 条件「〜ならば」を表す接続詞とともに

Vi presto questa macchina a patto che me la *riportiate* entro oggi.
今日中に返してくれるなら、君たちにこの車を貸すよ。

Partiremo domani, a meno che non ci *sia* sciopero dei treni.
電車のストがなければ、僕たちは明日出発するつもりです。

そのほか、a condizione che（〜という条件なら）、purché（仮に〜ならば）が接続法を導きます。

3) 目的「〜するために」「〜するように」を表す接続詞とともに

Lo ripeto affinché lo *ricordiate*.
君たちが忘れないように、繰り返して言っておこう。

Gli hanno dato una borsa di studio perché *possa* finire gli studi.
研究を終えられるように、彼に奨学金が与えられました。

※perché は直説法を従えると「〜だから」と理由を表し、接続法になると「〜するように」と目的を表すことに注意しましょう。

Gli hanno dato una borsa di studio perché ha superato l'esame.
試験に合格したので、彼には奨学金が与えられました。

4) qualunque, chiunque などの不定形容詞（代名詞）を伴う節において

Qualunque cosa lui *dica*, io non cambio idea.
彼が何と言おうと、僕は考えを変えないよ。

Chiunque *venga*, non aprite la porta.
君たち、誰が来ようと、ドアを開けてはいけないよ。

Comunque *vadano* le cose, devi avere pazienza.
事態がどのようになろうと、君は我慢しなくてはいけないよ。

そのほか、qualsiasi（どんな～でも）、dovunque（どこへ～しても）など
が接続法を導きます。

5) prima che, senza che に導かれる節において

L'avvocato vorrebbe parlarti prima che tu *prenda* qualsiasi
decisione.
君が何らかの決断をする前に、弁護士はできれば君と話したがっているよ。

Le ragazze vogliono uscire senza che i genitori *se ne accorgano*.
女の子たちは、親には気づかれないで出かけたいと思っています。

そのほか、aspettare che ～（～するのを待つ）も接続法を用います。

6) 相対最上級を先行詞にとる関係詞節において

Siete le persone più simpatiche che io *conosca*.
あなた方は私が知る中で最も好感の持てる人たちです。

Questo è il più grosso lavoro che io *abbia mai fatto* nella mia vita.
これは私がこれまでの人生で成し遂げたいちばんの大仕事です。

7) 接続法の独立節における用法

　これまでに見たように、接続法は従属節で用いられるのが通常ですが、主
動詞のない独立した形で使われることもあります。このとき、願望・命令・
疑念・感嘆など様々な意味を表します。ここでは che を伴ういくつかの用法
を見ておきましょう。

Che il cielo ti illumini!　天（の栄光）があなたを照らしますように。（願望）

Che sia stato lui a rubarlo!　それを盗んだのが彼だったなんて。（感嘆）

È da tanto tempo che non vedo Lucia: che sia malata?
しばらくルチーアを見てないけど、ひょっとして病気かな。（疑念）

※このように見ると、独立した接続法の用法は、本来あるべき sperare, augurarsi, dubitare
　などの主動詞が省略された形と見て取れます。ほかにも独立節の用法には、che を伴わない
　形、se, purché, magari を取る形などがありますが、いずれも考え方は同じといえます。

※※また願望を表わすとき、実現の可能性が小さい、あるいは事実とは反対であるときには、接
　　続法半過去・大過去が使われます（P165 参照）。

━━ *Esercizi*

1. 次の譲歩の表現を、anche se「〜にもかかわらず」を用いたものから、（　）内の接続詞を用いたものに変えましょう。

例 Vengo anch'io, anche se sono già le 8. (benché)

➡ *Vengo anch'io benché siano già le 8.*

1) Ho capito tutto anche se nessuno mi ha detto niente. (benché)

_____

2) Andiamo al mare anche se il tempo è incerto. (nonostante)

_____

3) Leggerò questo libro anche se so che non è molto bello. (malgrado)

_____

4) Anche se è tanto giovane è una persona molto responsabile. (sebbene)

_____

5) Andrò alla festa anche se mi sento raffreddato. (benché)

_____

6) Anche se sono a dieta, ogni tanto mangio la cioccolata. (nonostante)

_____

7) Anche se è un uomo molto ricco non si dà le arie. (sebbene)

_____

8) Anche se mio padre non vuole io esco lo stesso! (malgrado)

_____

9) Marco insiste a voler concludere l'affare anche se il suo socio non è d'accordo. (nonostante)

_____

10) Metterò la collana di perle anche se non si abbina molto bene al

vestito. (benché)

---

2. 文意が通るように、右と左の文を結びつけましょう。

1) Ci andrò a patto che •   • a) tu non abbia cambiato idea.

2) Ti presto il libro a patto che •   • b) vada piano.

3) Vengo con voi a condizione che •   • c) tu me lo restituisca prima possibile.

4) Qualora sia interessato •   • d) mi richiami a questo numero.

5) Non posso assolutamente venire •   • e) mi paghiate le spese.

6) Va' pure da Anna •   • f) purché poi torni presto.

7) Andremo in aereo a Palermo a meno che •   • g) venga il medico.

8) Metterò in ordine la casa prima che •   • h) a meno che non riesca a liberarmi.

9) Presto la macchina a Ilaria purché •   • i) qualcuno mi accompagni a casa.

3. (　) 内の接続詞を適切な位置に入れ、2つの文を正しくつなげましょう。

例 Te lo dico. — tu lo vieni a sapere da altri. (prima che)

➡ *Te lo dico prima che tu lo venga a sapere da altri.*

1) Mario lavora fino a tardi. — non è mai stanco. (sebbene)

---

2) Provo a riparare la tv. — non ci capisco niente. (malgrado)

_____

_____

3) Ti racconto tutto. — Tu non lo racconti a nessuno. (purché)

_____

_____

4) Esco con Lucia. — sono arrabbiato con lei. (nonostante)

_____

_____

5) Stasera vado al cinema. — non ne ho voglia. (sebbene)

_____

_____

6) I suoi genitori sono molto severi. — lei esce spesso la sera. (nonostante)

_____

_____

7) Proprio non capisci. — tutti cercano di spiegartelo. (malgrado)

_____

_____

8) I bambini vogliano giocare. — al parco fa freddo. (malgrado)

_____

_____

9) Mia madre ha cucinato. — io non ho fame. (sebbene)

_____

_____

10) Verrò da te. — non piove domani. (a meno che)

_____

_____

4. 文意をよく考え、下の接続詞の中から適切なものを選び空欄に入れましょう。

1) Porto la macchina dal meccanico _____ i freni non funzionano bene.

2) Vengo anch'io _____ mi accompagni tu.

3) _____ abbia un dizionario così bello, Agata non lo usa mai.

4) Ho fatto tutto questo _____ tutti ne abbiano un vantaggio.

> affinché / purché / benché / perché

5. 次の文はイタリアの慣習や迷信を表したものです。（　　）内の動詞を適切に活用させてから、和訳してみましょう。

1) Sebbene _____ bellissime, non si regalano le perle: portano lacrime! (essere)

_____

_____

2) A Capodanno è d'uso mangiare le lenticchie affinché il nuovo anno ci _____ tanti soldi e fortuna. (portare)

_____

_____

3) A tavola bisogna fare attenzione affinché il sale e l'olio non _____, è un cattivo presagio. (rovesciarsi)

_____

_____

4) La frase "in bocca al lupo" porta fortuna purché la persona a cui si dice _____ "crepi il lupo". (rispondere)

_____

_____

5) Se un gatto nero ci attraversa la strada, bisogna aspettare che qualcuno ci _____ avanti in modo che la sfortuna passi su di lui. (passare)

_____

_____

6) Si usa molto portare cornetti rossi come portafortuna benché questo _____ un uso molto antico. (essere)

_____

_____

6. 手紙の文を読みながら、文意が通るように空欄に接続詞を入れましょう。次頁の選択肢から選んでください。

Amore mio,

oggi sono dieci anni che siamo sposati e desidero che tu sappia quanto io sia felice di questo tempo trascorso insieme a te. Ogni tanto penso a quando ci siamo conosciuti e 1) _____ sia stato un incontro banale a casa di amici, ci siamo subito piaciuti e non ci siamo lasciati più. Da quel momento infatti, 2) _____ tu sia andato ti ho seguito, 3) _____ cosa tu abbia fatto l'ho condivisa con te, 4) _____ sia stato tuo amico, è diventato anche mio amico. Mi auguro che 5) _____ vadano le cose nella nostra vita, rimarremo sempre insieme perché ti amo e 6) _____ vada penso sempre a te!

Tua Roberta

7. 空欄に、以下の接続詞から適切なものを入れ、文を完成させましょう（ただし、二回使う選択肢もあります）。

1) _____ cosa ti dica quell'uomo, non devi credergli.

2) Verrò nel pomeriggio _____ vadano le cose con Adele.

3) Torno a casa _____ i tuoi amici arrivino.

4) Quei bambini rompono tutto _____ la madre li rimproveri.

5) Conosci qualcuno _____ parli l'inglese?

6) _____ cominci a parlare, rifletti bene sulle conseguenze!

7) Di _____ cosa tu abbia bisogno, chiamami!

qualsiasi / senza che / che /
prima che / comunque

8. 直説法か接続法かに気をつけて、a), b) の2つのうち文法的に正しい方を選びましょう。

1) a) La casa è molto più grande di quanto tu possa immaginare.
   b) La casa è molto più grande di quanto tu puoi immaginare.

2) a) Il film è meno bello di quel che crediate.
   b) Il film è meno bello di quel che credete.

3) a) Questo parco è davvero così bello come dicevi.
   b) Questo parco è davvero così bello come abbia detto.

4) a) Questo fatto ha meno importanza di quanto loro credano.
   b) Questo fatto ha meno importanza di quanto loro credono.

5) a) È più intelligente di quanto sembri.
   b) È più intelligente di quanto sembra.

6) a) Costa tanto quanto pensavo.
   b) Costa tanto quanto abbia pensato.

7) a) Carlo è più generoso di quanto pensiate.
   b) Carlo è più generoso di quanto pensate.

9. 次の手紙の文を読み進めながら、文意に合うように（　　）内の動詞を適切に活用させましょう。

Cara Serena,

come stai? Io abbastanza bene, ma in questo periodo ho lavorato moltissimo e mi sento molto stanca... bisogna che 1)prendere assolutamente qualche giorno di riposo. Perciò, benché la primavera non 2)cominciare ancora e 3)fare piuttosto freddo, ho pensato di passare una settimana in un paesino in montagna dove sono già andata in vacanza qualche anno fa. Siccome il viaggio è piuttosto lungo, per prima cosa porterò a revisionare la mia vecchia auto, è necessario che 4)funzionare bene perché non voglio avere problemi per strada.

Penso di partire sabato mattina, sempre che 5)riuscire ad alzarmi presto! Le previsioni del tempo sono buone: sembra che ci sarà sempre il sole, che bello! Mi fermerò in una piccola pensione che, nonostante 6)essere molto economica, ha un ottimo servizio. Perché non mi raggiungi? Sono sicura che ci divertiremo moltissimo insieme! Aspetto che tu mi 7)fare sapere al più presto un bacio.

Francesca

1) _____ 2) _____ 3) _____

4) _____ 5) _____ 6) _____

7) _____

実践イタリア語コラム 7

カードの書き方

イタリア語でカードの書き方についての解説を読んでみましょう。

Per Natale e Capodanno gli italiani sono soliti mandare gli auguri tramite cartoline ad amici e parenti lontani che non si incontreranno durante le feste. Le cartoline di auguri che si vendono per queste occasioni sono di vari tipi, ma spesso le cartoline esclusivamente natalizie hanno disegni o illustrazioni che si richiamano alla festa religiosa vera e propria, cioè alla Natività di Cristo. In genere tutte le cartoline oltre alle illustrazioni recano già una frase di auguri alla quale è necessario aggiungerne una più personale. Se dovete mandarne ad amici italiani ricordate solo di spedirle con un buon anticipo sulle feste.

［訳］
　クリスマスや元日が近づくと、その祭日中には会えない遠くの友達や親戚に、カードでお祝いの挨拶を送るのがイタリア人の習慣です。この時期に売られている挨拶のカードにはいろいろな種類がありますが、クリスマス・カードに限って言えば、それがまさに宗教的な祝祭であること、つまりイエス・キリストの誕生であることを思い起こさせるデザインやイラストがあります。ふつうはどんなカードにも、イラスト以外にお祝いの言葉がすでについていますが、それにさらに個人的なことを書き加えたほうがよいです。もしイタリアの友人に送るときは、祭日よりもかなり前もって送るようにしてください。

［挨拶文の例］

"I miei più cari auguri di Buon Natale e Felice Anno Nuovo"
すてきなクリスマスと幸せな新年を祈って私の心からの挨拶を

"Tanti auguri di Buone Feste e, soprattutto, di un fortunato e felice Anno Nuovo!"
すてきな休暇となるように、とりわけ幸運で幸福な新年になるよう願っています。

"Ti auguro di passare un sereno Natale con la tua famiglia e un divertente inizio dell'anno nuovo con i tuoi amici. Tanti auguri!"
あなたが家族と穏やかなクリスマスを、そして友達と新年の楽しい始まりを過ごせるよう祈っています。

"Ti faccio i miei più sinceri auguri affinché il nuovo anno ti porti tanta fortuna e serenità"
新しい年があなたに多くの幸せと安らぎを運んでくれるよう、心からの挨拶を送ります。

接続法半過去・大過去
Congiuntivo imperfetto e trapassato

接続法を導く主動詞が過去時制（近過去、半過去など）のとき、従属節においては接続法半過去、または接続法大過去が使われます。また主動詞が条件法の場合にも接続法半過去と接続法大過去を用います。

▌接続法半過去

❶ 接続法半過去の規則活用

	amare	mettere	capire
io	amassi	mettessi	capissi
tu	amassi	mettessi	capissi
lui/lei/Lei	amasse	mettesse	capisse
noi	amassimo	mettessimo	capissimo
voi	amaste	metteste	capiste
loro	amassero	mettessero	capissero

※ -ssi, -ssi, -sse, -ssimo, -ste, -ssero と活用語尾はすべて共通です。

❷ 不規則活用

直説法半過去と同様、不規則性は語幹と活用語尾の接続部に見られます。代表的なものを覚えましょう。

	dare	stare	fare	bere
io	dessi	stessi	facessi	bevessi
tu	dessi	stessi	facessi	bevessi
lui/lei/Lei	desse	stesse	facesse	bevesse
noi	dessimo	stessimo	facessimo	bevessimo
voi	deste	steste	faceste	beveste
loro	dessero	stessero	facessero	bevessero

essere は独自の形態を持ちます。

	essere
io	fossi
tu	fossi
lui/lei/Lei	fosse
noi	fossimo
voi	foste
loro	fossero

接続法大過去

❶ 接続法大過去の作り方

> avere または essere の接続法半過去 ＋ 過去分詞
> ※avere, essere いずれをとるかは近過去 (Capitolo 3) と同じです。

❷ 接続法大過去の活用

	amare	partire	mettersi
io	avessi amato	fossi partito/a	mi fossi messo/a
tu	avessi amato	fossi partito/a	ti fossi messo/a
lui/lei/Lei	avesse amato	fosse partito/a	si fosse messo/a
noi	avessimo amato	fossimo partiti/e	ci fossimo messi/e
voi	aveste amato	foste partiti/e	vi foste messi/e
loro	avessero amato	fossero partiti/e	si fossero messi/e

接続法半過去と大過去

❶ 接続法半過去と大過去のイメージ

❷ 接続法半過去と大過去の用法

Maria credeva che *io arrivassi* alle dieci.
マリーアは私が10時に到着すると思っていました。

Maria credeva che *io fossi arrivata* alle dieci.
マリーアは私が10時に到着したものと思っていました。

Siccome non ho trovato la macchina al solito posto ho avuto
paura che *me l'avessero rubata*.
いつもの場所に車がなかったので、私は盗まれたのではないかと心配しました。

▶ 接続法半過去・大過去の注意点

1)〈現在形＋接続法半過去・大過去〉

　　主動詞が現在形でも、従属節が接続法半過去・大過去になることがあります。この場合の従属節は、直説法半過去・大過去と意味合いは変わりません。

Non credo che Marco avesse intenzione di offenderti.

マルコがあなたを傷つけようと思っていたとは、私は思いません。

Marco era stanco, credo che avesse lavorato troppo.

マルコは疲れていました、彼は働き過ぎたのだと思います。

2)〈come se ＋接続法半過去・大過去〉

come se ~「まるで~のように」は常に接続法半過去か大過去で表します。

Mi sento come se fossi il personaggio di un romanzo.

私はまるで小説の登場人物になったような気がしています。

Luigi si comportava come se non mi avesse visto.

ルイージはまるで私に会ったことがないかのように振る舞っていました。

❸ 条件法に導かれる接続法半過去・大過去

1)〈条件法現在＋接続法半過去・大過去〉

主動詞が条件法のとき、条件法現在であっても「同時性」を表すときには接続法半過去が使われます。さらに主動詞より「以前」であれば、接続法大過去を用います。

Mi piacerebbe che voi *restaste* più a lungo con me.
└─主動詞と同時

あなたたちがもうしばらく私といてくれるといいのですが。

Vorrei che Luciano *avesse rifiutato* la loro richiesta.
└─主動詞より以前

ルチャーノが彼らの要求を断ってくれていたらいいのだが。

2)〈条件法過去＋接続法半過去・大過去〉

主動詞が条件法過去のとき、「同時性」を表すには接続法半過去、「それ以前」を表すには接続法大過去を使います。

Avremmo voluto che non ci *fosse* più lo sciopero.
└─主動詞と同時

僕たちは、もうストがないのを望んでいたのだが。

Non avrei mai immaginato che *sarebbe andato* così bene.
└─主動詞より以前

こんなにうまく行くなんて思いもよらなかった。

━ *Esercizi*

1. 接続法半過去の活用表を完成させましょう。

	1) abitare	2) avere	3) aprire	4) finire
io	abitassi			
tu				
lui/lei/Lei				finisse
noi		avessimo		
voi				
loro			aprissero	

	5) stare	6) bere	7) dire	8) essere
io			dicessi	
tu				
lui/lei/Lei	stesse			
noi				
voi		beveste		
loro				fossero

2. 各文の従属節（che 以下）を、（　　）内の主語を用いて書き換えましょう。

例 Volevo che tu mi chiamassi presto. (loro)

➡ *Volevo che loro mi chiamassero presto.*

1) Credevo che lui dovesse comprare una macchina nuova. (loro)

_____

_____

2) Bisognerebbe che voi prendeste il treno delle 3. (tu)

_____

3) Sembrava che loro sapessero già tutto. (lei)

_____

4) Speravo che tu mi aiutassi. (voi)

_____

5) Era meglio che io ti scrivessi in proposito. (noi)

_____

6) Vorrei che voi rimaneste con me più a lungo. (loro)

_____

7) Pareva che proprio non mi ascoltassero! (lui)

_____

8) Immaginavo che ormai lo sapessero. (tu)

_____

9) Ho aspettato a lungo che arrivassi. (voi)

_____

10) Pensavo che tu uscissi stasera. (noi)

_____

3. 例のように、文の時制を半過去に変え、書き換えましょう。

例 Voglio che tu mi ascolti. ➡ _Volevo che tu mi ascoltassi._

1) Sono contento che tua figlia vada così bene a scuola.

_____

2) Spero che Francesco se ne vada presto.

_____

3) Pensi che non sia vero?

_____

4) Aspetto che mi diano una risposta.

_____

5) Non vedo l'ora che Luca arrivi.

_____

6) Non voglio che facciate rumore.

_____

7) Pare che lui abiti a Roma.

_____

8) Credo che loro siano in ritardo come sempre.

_____

9) Mi sembra che siano svedesi.

_____

10) Mi fa piacere che vi divertiate.

_____

4. （　　）内の動詞を接続法半過去で適切に活用させ、文を完成させましょう。

1) Speravo che tu _____ un po' meglio. (stare)

2) Sebbene lei _____ in pensione, continuava a lavorare. (essere)

3) Mia madre voleva che voi _____ con me da zia Nina. (venire)

4) Era poco probabile che mio fratello _____ felice con Lucia. (essere)

5) Temevamo che Carlo _____ guidare in quello stato! (volere)

6) Si diceva che loro _____ persone arroganti. (essere)

7) Pensavo che tu _____ subito i problemi con tuo marito. (risolvere)

8) Vorrei che tu _____ di prendermi in giro! (smetterla)

9) Anna non voleva che sua sorella _____ la sua posta. (leggere)

10) I suoi genitori non volevano che lui _____ quella donna. (sposare)

5. 空欄に適切な助動詞（avere または essere）を入れ、接続法大過去の文を完成させましょう。

1) Mi è dispiaciuto che loro se ne _____ andati senza avvertirmi.

2) Temevo che tu ti _____ offeso.

3) Tutti temevano che Gianni e Luigi _____ avuto un incidente.

4) Quando l'ho visto ho pensato che Angelo _____ dipinto uno splendido quadro.

5) Temevamo che il postino non _____ passato sabato.

6) Non pensavo che Roberto _____ letto quel libro.

7) Si diceva che lo _____ arrestato mentre cercava di fuggire all'estero.

8) È uscita sebbene non _____ smesso ancora di nevicare.

9) Mi dispiaceva che lui _____ speso tanti soldi.

10) Credevo che tu _____ lavorato per loro in passato.

6. 語群から適切なものを空欄に当てはめ、接続法大過去の文を完成させましょう。

1) Mi sentivo come se _____ del male a qualcuno.

2) Non sapevo che ieri sera Lara mi _____, mia madre non me l'ha detto.

3) Credevamo che tu _____ già a letto a quest'ora!

4) Si diceva che da giovane _____ molto soprattutto in Oriente.

5) Malgrado _____ per tutto il giorno non c'era molta neve per strada.

6) Credevo _____ già _____ per Genova, invece sei ancora qui.

7) Alice si comportava come se _____ nasconderci qualcosa.

8) Nonostante a cena noi _____ un po' troppo, siamo andati a ballare fino a tardi.

9) Immaginavamo che Luigi _____ in Inghilterra, parla l'inglese benissimo!

10) Siccome non arrivavate, pensavamo che _____ idea all'ultimo momento.

> avesse viaggiato / avesse nevicato / avesse chiamata /
> fossi andato / avesse studiato / avessi fatto /
> aveste cambiato / fossi partito /
> avessimo bevuto / avesse voluto

7. 接続法半過去か大過去か、文意をよく考え、いずれか適切なものを選びましょう。

1) Bisognava che tu (ti svegliassi / ti fossi svegliato) prima!

2) Eri in ritardo e io ho avuto paura che ti (succedesse / fosse successo) qualcosa.

3) Si diceva che suo padre (perdesse / avesse perso) una grossa somma al gioco.

4) Credevo che Antonio (fosse / fosse stato) il cugino di Laura.

5) Pensavo che loro (andassero / fossero andati) già in Giappone l'anno scorso.

6) Era difficile credere che quell'uomo (fosse / fosse stato) l'assassino.

7) È uscito senza ombrello benché (piovesse / avesse piovuto) forte.

8) Quella era la poesia più lunga che io (leggessi / avessi letto) mai.

9) Volevano che io gli (dessi / avessi dato) subito una risposta.

10) Anna era convinta che noi (andassimo / fossimo andati) al cinema la sera prima.

8. 次の文を読み進めながら、下線部の動詞を接続法半過去または大過去に直していきましょう。

Ciao Elio,

come stai? Io non tanto bene perché ho litigato di nuovo con Claudia. Il fatto è che non la sopporto più perché pretende sempre tante cose da me!

L'ultima è che vorrebbe che l'1)accompagnare alla stazione domani, che 2)partire con lei e l'3)accompagnare a trovare i suoi parenti di Firenze, sai che noia! Quando ho rifiutato mi ha rinfacciato il fatto che la scorsa settimana avrebbe voluto che noi 4)andare fuori città per il weekend e che da tanto tempo non facciamo più qualcosa di speciale o di romantico insieme. Si lamenta spesso di me, dice che la trascuro come se 5)avere un'altra donna, ma non è vero...

Io invece vorrei che lei 6)essere meno gelosa e soprattutto che 7)capire di più i miei problemi al lavoro. Credevo 8)essere la mia donna ideale, ma se almeno 9)sapere cucinare bene!

1) _____ 2) _____ 3) _____

4) _____ 5) _____ 6) _____

7) _____ 8) _____ 9) _____

9. 例のように、与えられた問いかけに対し、magari...を用いた感嘆文（p147「接続法の独立節における用法」参照）で答えましょう。接続法半過去か大過去かの使い分けも判断し、また主語や代名詞の対応にも注意してください。

例 Fa bel tempo da voi? ➡ *Magari facesse bel tempo da noi!*
君たちのところはよい天気？　　　よい天気ならいいのだけど。

1) Sono tutti sinceri come lui?

_____

2) Non c'è molto traffico oggi?

_____

3) Ad Osaka le case costano poco?

_____

4) Tuo figlio è guarito?

_____

5) Il mare è pulito da voi?

_____

6) Vi siete divertiti?

_____

7) Marisa ti ha scritto?

_____

8) Funziona tutto in Italia?

_____

9) Domani ci sarà finalmente il sole?

_____

10) Avete comprato una casa più grande?

_____

10. 次の文を読んで正誤問題に答えましょう。内容に合っていれば V、間違っていれば F にチェックをしてください。

Sabina aveva un fidanzato, Matteo, ma nonostante lo amasse molto aveva accettato un lavoro a Londra molto importante per la sua carriera. Sebbene si fossero separati, si erano giurati amore e fedeltà reciproci e Sabina era partita sicura dell'amore di Matteo.

Dopo poche settimane, però, a Sabina era arrivato inaspettatamente un messaggio di Matteo in cui era scritto che lui desiderava che la loro relazione finisse perché non sopportava più la lontananza da lei e che, per questo motivo, era giusto il fatto che l'avesse già tradita diverse volte. Le chiedeva scusa per quella fine improvvisa e la pregava affinché gli restituisse le foto che le aveva mandato.

Sabina allora, benché fosse molto ferita ed arrabbiata, pensava solo al modo per vendicarsi e per questo motivo chiese a tutte le sue colleghe di lavoro di regalarle qualche foto dei loro fidanzati, fratelli, cugini, zii, amici fino a quando ne raccolse un centinaio. Aggiunse allora le foto di Matteo a tutte le altre e gliele spedì con un biglietto:

"Caro Matteo,
perdonami, ma non riesco proprio a ricordarmi chi sei! Cerca le tue foto tra queste e tienitele a patto che tu mi restituisca le altre, grazie."

Vero o Falso
1) Sabina voleva fare carriera lavorando a Londra.   V / F
2) Sabina ha deciso di fare aspettare il suo fidanzato credendo alla reciproca promessa d'amore.   V / F
3) Matteo non voleva lasciarla a meno che non fosse stato scoperto il suo tradimento.   V / F
4) Matteo ha scritto un messaggio a Sabina per rompere per sempre il legame con lei.   V / F
5) Sabina gli ha rimandato le foto e il biglietto perché voleva che lui si pentisse di averla lasciata.   V / F

実践イタリア語コラム 8

イタリアの祝祭日「復活祭」

イタリア語で復活祭についての解説を読んでみましょう。

Per la festa cristiana della Pasqua, fin dal Medioevo in Italia c'è la tradizione di scambiarsi delle uova vere decorate con disegni oppure, usanza più recente, di regalare uova di cioccolato perché l'uovo insieme alla colomba è uno dei simboli più importanti di questa festa. L'uovo decorato è da sempre, infatti, un simbolo cristiano che allude alla rinascita di nuova vita spirituale per chi crede in Cristo, ma anche prima della diffusione del Cristianesimo era un importante simbolo di fecondità legato alla rinascita della natura in primavera.

Di solito le uova si fanno sode e poi si colorano, disegnano e decorano in vari modi, ma da secoli c'è anche la tradizione di creare uova artificiali rivestite di materiali preziosi. Nel 1883 poi, il famoso orafo Peter Carl Fabergé creò un uovo di platino decorato con smalti per lo zar di Russia ed ebbe l'idea di metterci dentro dei preziosi piccoli doni. Da allora quest'idea, che all'epoca ebbe una grande risonanza internazionale, è stata ripresa più diffusamente e in molti modi fino appunto alle attuali uova di cioccolato che contengono sempre delle sorprese-regalo.

［訳］
　パスクァ（復活祭、イースター）というキリスト教の祝祭のときに、イタリアでは中世から絵柄で飾りつけした本物の卵を交換する伝統がありました。また最近の風習では、チョコレートの卵を贈ります。なぜなら、鳩とともに卵は、この祝祭にとって最も大切な象徴の１つだからです。実際今でも、飾りつけした卵はキリストを信じる者にとって、精神的な新しい生の復活を暗示する象徴となっていますが、キリスト教が伝播する前から、すでにそれは春の自然の復活につながっており、「豊穣」を意味する重要な象徴でした。
　通常、茹でて卵が固くなったら、色をつけ、絵柄を描き、いろいろな飾りを施します。しかし、何世紀も前から、高価な素材で覆われた人工的な卵を作るという伝統もあります。1883年に、有名な金細工職人ピーター・カール・ファベルジェがロシア皇帝のためにエナメルで装飾したプラチナ製の卵を作りました。そして彼は、小さくて高価な贈り物をその中に入れることを思いつきました。そのアイデアは当時国際的にも大反響を呼びましたが、それ以降、一層広い範囲で再び取り入れられるようになり、「ビックリ・プレゼント」が必ず入っている今日のチョコレート卵に至るまで、いろいろな形で広まっています。

16 | 仮定文
Il periodo ipotetico

これまでに学んだ接続法半過去・大過去、条件法現在・過去を組み合わせることで、「実現の可能性が低い」あるいは「現実味がない」ことに対する表現、すなわち仮定文を作ることができます。

❶ 仮定文の作り方

1) 現在の事実に反する仮定。実現しないだろうが、可能性がなくはない事柄

> Se ＋ 接続法半過去、条件法現在

Se fossimo più ricchi, non avremmo bisogno di cercare un lavoro.
僕らがもっとお金持ちなら、仕事を探す必要はないのになあ。
（＝現実はお金がないので、仕事を探さざるを得ない）

Se venissi con noi, ti divertiresti.
あなたが私たちと一緒に来れば、楽しめるのになあ。
（＝来たいかどうかわからないが、もし来るとすれば、楽しめるだろう）

2) 過去の事実に反する仮定。実現の可能性はまったくない事柄

> Se ＋ 接続法大過去、条件法過去

Se foste partiti più presto, non avreste perso il treno.
君たちがもっと早く出発していたら、電車に遅れることはなかっただろうに。
（＝遅くに出発したので、電車に乗り遅れてしまった）

Avresti cambiato idea se ti avessi spiegato bene la situazione.
僕が君に事情をよく説明していたら、君は考えを変えただろう。
（＝僕がよく事情を説明しなかったので、君は考えを変えなかった）

仮定文は基本的に、上の2通りの組み合わせで表現されますが、意味内容によってさまざまな組み合わせが可能になります。

3) 現在の仮定だが、そうであれば過去に結論が出ていたであろう事柄

> Se ＋ 接続法半過去、条件法過去

Se fosse una persona onesta, ti avrebbe già restituito tutta la somma.
もし彼が誠実な人間ならば、すでに君に全額を返してしまっているだろう。

4) 現在の仮定が、今後そのような結論に至るであろう事柄

> Se ＋ 接続法半過去、条件法過去

Se non riuscissi ad incontrarla, avrei aspettato inutilmente.
彼女に会うことができなければ、僕は無駄に待ったことになるだろう。

5) 過去の事実に反する仮定だが、その結果が現在にも及んでいる事柄

> Se ＋ 接続法大過去、条件法現在

Se fossi stato più sincero con Lucia, oggi lei sarebbe ancora qui con me.
僕がもっとルチーアに誠実であったなら、彼女は今もまだ僕とここに一緒にいるだろう。

❷ 仮定文と命令法の組み合わせ

「もし〜なら…しなさい」というように帰結が命令法になるケースもあります。

Se te lo ricordassi, chiamami!
もしそれを思い出すようなことがあれば、電話をしてくれ。

Se per caso dovesse trovare qualche difetto, me lo faccia sapere subito, per piacere.
万が一欠陥が見つかるようなことがありましたら、どうかすぐに私にお知らせください。

▶ 仮定文の注意

a) se を用いた仮定文は、現実性が高い事柄であれば直説法で表せます。

Se lo cerchi su Internet, lo trovi facilmente.
インターネットで検索すれば、それは簡単に見つかります。

Se farai jogging, (ti) dimagrirai.
ジョギングをすれば、痩せるでしょうよ。

Se non hai finito di mangiare non devi alzarti da tavola.
食べ終えてないのなら、食卓を離れてはいけないよ。

b) 過去の事実に反する仮定において、口語では直説法半過去が使われることも多くあります。

Se lo sapevo, te lo facevo sapere.
(= Se l'avessi saputo, te l'avrei fatto sapere.)
そのことを知っていたら、君に知らせていたよ。

Esercizi

練習問題

1. 意味が通るように、以下の条件節（もし～なら）と帰結節（～だろう）を結びつけましょう。

1) Se parlassi bene l'inglese •

2) Se smettesse di piovere •

3) Se ci fossero ancora biglietti •

4) Se foste venuti a Roma •

5) Se fossi ricca •

6) Se non avessero paura •

7) Se avessi qualche amico italiano •

8) Se Simone avesse la ragazza •

9) Se quella casa costasse meno •

10) Se tu ti alzassi presto la mattina •

• a) viaggerebbero in aereo.

• b) potremmo fare una passeggiata.

• c) mi comprerei una bella villa al mare.

• d) vi sareste divertiti tanto con noi.

• e) potrei parlare più spesso in italiano.

• f) ti porterei a teatro martedì sera.

• g) non faresti sempre tardi al lavoro.

• h) potrei viaggiare di più.

• i) la comprerei subito!

• l) sarebbe più felice.

2. 次の直説法現在の文の意味をよく考え、例のように内容に合った仮定文に書き換えましょう。

例 Non bevo il vino perché devo guidare.

➡ *Se non dovessi guidare berrei il vino.*

1) Puoi superare l'esame perché studi molto.

170

2) Non mi risponde al telefono perché è occupato.

3) Maria parla male di te perché è arrabbiata.

4) Ti racconto tutto perché lo so.

5) Non mangio dolci perché devo dimagrire.

6) Faccio un bel viaggio perché ho un po' di tempo libero.

7) Vado a sciare perché c'è abbastanza neve.

8) Non perdo la coincidenza perché il treno è in orario.

9) Partiamo presto perché c'è la nebbia.

10) Stasera non esco perché sono stanca.

3. 下線部の動詞を接続法半過去または条件法現在で活用させ、意味の
通る会話文にしましょう。

Brunella: Allora, che facciamo stasera?

Silvia: Mah, proprio non ho idea.

Brunella: Se 1)esserci posto, si 2)potere andare a mangiare qualcosa da
"Anita" con Stefano e gli altri, che ne dici?

Silvia: Sì, però con questo tempo... se almeno 3)smettere di piovere!

Brunella: Ma che problema c'è? Ti passo a prendere io con la macchina! La verità è che sei pigra, se tu 4)potere, 5)stare tutte le
sere davanti alla televisione!

Silvia: Mmmh, e poi stasera c'è anche il Festival di San Remo voglio vedere chi vincerà.

Brunella: Ma dai il Festival! Roba da vecchi! Senti e se ti 6)io/dire che
stasera c'è anche Giulio, 7)tu/venire?

Silvia: Giuliooo! Per lui, io 8)uscire anche se 9)esserci un uragano!

Brunella: Allora passo a prenderti verso le otto, va bene?

Silvia: Non puoi un po' prima?

Brunella: Se 10)potere, 11)venire anche subito, ma devo ancora chiamare
gli altri per fissare...

Silvia: Ok, allora aspetto, ma mi raccomando a Giulio.

Brunella: Non ti preoccupare, verrà!

1) _____ 2) _____ 3) _____

4) _____ 5) _____ 6) _____

7) _____ 8) _____ 9) _____

10) _____ 11) _____

4. まず（　　）内の動詞を、接続法半過去または条件法現在で活用さ
せて「性格判断テスト (Test della personalità)」の質問文と選択肢
の文を完成させましょう。さらに各設問を読み解いて、自分に当て
はまるものを a) ～ c) から選んでみてください。最後に「総合判断
(Totale risposte)」が書かれていますので、こちらも読んでみまし
ょう。

Test della personalità: sei timido o estroverso?

性格判断テスト：あなたは引っ込み思案か、外向的か？

1) Se qualcuno ti _____ qualcosa di personale tu, (chiedere)

   a) _____ senza problemi. (tu/rispondere)

   b) _____ le domande più indiscrete. (evitare)

   c) _____ intorno alle domande evitando di rispondere. (girare)

2) Se un tuo caro amico ti _____ arrabbiare tanto… (fare)

   a) lo _____. (tu/aggredire)

   b) gli _____ notare il problema. (fare)

   c) non gli _____ niente. (dire)

3) Come ti _____ se _____ un importante appuntamento di lavoro? (vestire, avere)

   a) _____ un abito consono all'occasione. (tu/indossare)

   b) _____ il vestito più bello che tu abbia mai indossato. (mettere)

   c) Ti _____ come al solito. (vestire)

4) Se _____ scegliere, dove _____ in vacanza? (potere, andare)

   a) _____ un luogo tranquillo con pochi amici. (tu/preferire)

   b) _____ in un villaggio turistico con i tuoi amici. (andare)

   c) Ti _____ fare un lungo viaggio da solo. (piacere)

5) Se _____ andare in un programma televisivo,

(dovere)

a) _____ felice di stare al centro dell'attenzione.
   (tu/essere)

b) _____ del tuo meglio per essere a tuo agio.
   (fare)

c) ti _____ a disagio e molto imbarazzato.
   (sentire)

6) Con i tuoi colleghi di lavoro ti comporti come se

a) _____ tutti amici. (loro/essere)

b) _____ essere in buoni rapporti con tutti, ma
   non sempre è così. (dovere)

c) _____ dei conoscenti, non hai confidenza con
   loro. (essere)

Totale risposte
総合判断

Maggioranza di risposte a): sei una persona estroversa che ama comunicare, stare con la gente e, qualche volta, anche essere al centro dell'attenzione.

Maggioranza di risposte b): hai molta autostima, sei sicuro di te e lo mostri nei rapporti con gli altri che tendono ad essere piuttosto misurati.

Maggioranza di risposte c): sei una persona piuttosto timida, hai bisogno di un po' di tempo prima di entrare in confidenza con gli altri e mostrare la tua personalità.

5. 例にならい、次の仮定文を時制を変え、書き換えましょう。

例 Se prendessi il treno delle 7:45 arriveresti in tempo.

➡ *Se avessi preso il treno delle 7:45 saresti arrivato in tempo.*

1) Se avessi tempo rimarrei ancora con voi.

_____

_____

2) Se non andaste in vacanza sempre nello stesso posto conoscereste più gente nuova.

_____

_____

3) Se Chiara bevesse di meno non starebbe così male.

_____

_____

4) Se fossi bella e bionda piacerei sicuramente di più agli uomini.

_____

_____

5) Se qualcuno mi insegnasse a nuotare verrei in piscina con voi.

_____

_____

6) Se avessimo più soldi andremmo in vacanza in Giappone!

_____

_____

7) Se non fosse così caldo girerei di più per la città.

_____

_____

8) Se voi spendeste di più potreste avere abiti firmati.

_____

_____

9) Se Lisa non mi dicesse la verità non sarebbe una vera amica.

_____

_____

6. 意味が通るように、以下の条件節（もし〜なら）と帰結節（〜だろう）を結びつけましょう。

1) Se avessi studiato con più impegno •

2) Se tu non gli fossi piaciuta •

3) Avrei salutato il mio ex fidanzato volentieri •

4) Se ti fossi coperta di più •

5) Se avessi ascoltato i miei consigli •

6) Ti avrei incontrato volentieri la settimana scorsa •

7) Se mi avessi avvertita •

8) Se non avessi preso l'ombrello •

9) Se la pizzeria fosse stata aperta ieri sera •

10) Ci saremmo già messi d'accordo se tu •

• a) avrei superato l'esame.

• b) ci sarei andata con Michele a mangiare una pizza.

• c) sarei venuta a prenderti alla stazione.

• d) non avresti preso il raffreddore.

• e) mi avessi telefonato ieri sera.

• f) te l'avrebbe detto.

• g) lo avresti già lasciato.

• h) se lo avessi visto...

• i) se avessi avuto una serata libera.

• l) ora sarei completamente bagnata.

7. （　　）内の動詞を接続法大過去と条件法過去で活用させて、実現の可能性がない仮定の文を完成させましょう。

例 Se non *avessimo comprato* la mappa della città, *ci saremmo persi*. (noi comprare, perdersi)

1) Se io _____ più soldi, _____ _____ un bel viaggio. (avere, fare)

2) Se gli spaghetti non le _____, non li _____ una seconda volta. (piacere, riprendere)

3) Io non la _____ se non _____ _____ bisogno di soldi. (vendere, avere)

4) Se non _____ tutto quel rumore per strada, io _____ molto prima. (esserci, addormentarsi)

5) Se io _____ di che tipo è Fabio, non _____ di lui. (accorgersi, fidarsi)

6) _____ tutto il panorama della città se _____ sul campanile. (noi vedere, salire)

7) Se _____ aiutarti, lo _____ _____ con piacere! (io potere, fare)

8) Se Mara _____ i capelli, _____ _____ molto meglio. (tagliarsi, stare)

9) _____ uscire con noi, se _____ _____ prima a casa. (tu potere, tornare)

10) Se _____ la scommessa, tu _____ _____ offrirmi la cena! (io vincere, dovere)

8. 次の文を読み進めながら、空欄に語群から適切な語句を選んで入れましょう。

I rimpianti di un single

Nella mia vita ho fatto tanti errori che se 1) _____ indietro non rifarei più… Se a scuola 2) _____ legge oggi sarei un'avvocato e non un'insegnante e forse sarei più soddisfatto del mio lavoro; se non 3) _____ Rossana, ora sarei sposato con lei invece che da solo; se 4) _____ a cucinare, non dovrei, adesso, mangiare così spesso al ristorante; se non 5) _____ con mio fratello avrei accanto una

persona su cui poter contare davvero; se 6) _____

meglio le donne che ho frequentato, ora ne avrei almeno una accan-

to....ma soprattutto, se non 7) _____ così tanto ieri

sera, stamattina non avrei questo terribile mal di testa e non sarei così

triste!!!

---

avessi lasciato /potessi tornare/ avessi bevuto/ avessi imparato /
avessi litigato /avessi studiato/ avessi trattato

---

9. 次の文を読み解きましょう。その上で、例にならって下線部 1)〜3)
を、意味を変えることなく仮定文に書き換えましょう。

Per un romantico San Valentino...

Sara: Allora Paola, hai deciso cosa fare per San Valentino?

Paola: Lo passerò con Luigi naturalmente!

Sara: E cosa pensi di fare?

Paola: Niente di speciale, solo una cenetta intima…

Sara: Un'idea davvero originale! E scommetto che lui ti regalerà rose rosse accompagnate da un appassionato biglietto d'amore e poi vi scambierete i regali, insomma le cose che fanno tutti…

Paola: Bè, l'anno scorso siamo andati a cena fuori, ma quest'anno preferiamo stare da soli. Ma perché scusa, quando avrai un ragazzo, tu cosa farai?

Sara: Mah, non so, qualcosa di più emozionante! 1) <u>Perché non fate un viaggio in un paese esotico, oppure andate a passare la notte in un castello o a Venezia… è così romantico!</u>

Paola: Sì, vabbè, e i soldi? No, per quest'anno una cenetta a casa mia. Ma ancora non ho deciso il menù.

Sara: Bè, naturalmente deve essere una cena afrodisiaca. Perché non prepari un bel risotto agli asparagi e ostriche alla brace con tanto peperoncino, sono tutti cibi afrodisiaci!

Paola: Mah, vada per il risotto, ma non sono brava a cucinare il pesce, 2) <u>quasi quasi compro le ostriche al ristorante già cucinate così</u>

saranno perfette! Che ne pensi?

Sara: Sì, è meglio! E poi non dimenticare: vino e cioccolato a volontà!

Paola: Sì, sì, ci ho già pensato! E tu che farai a San Valentino?

Sara: Non lo so ancora. Rimarrò a casa o andrò in qualche locale con le altre mie amiche single.

Paola: Che tristezza! ₃₎Vai invece al museo, è un diversivo più piacevole e poi puoi entrare gratis; per San Valentino, infatti, tutti i luoghi d'arte sono aperti agli innamorati dell'arte…

例 "quando avrai un ragazzo, tu cosa farai?"

➡ se avessi un ragazzo, tu che faresti?

1) "(Perché non) fate un viaggio in un paese esotico, oppure andate a passare la notte in un castello o a Venezia… è così romantico!"

_____

_____

_____

2) "(quasi quasi) compro le ostriche al ristorante già cucinate (così) saranno perfette!"

_____

_____

3) "Vai invece al museo, è un diversivo più piacevole e poi puoi entrare gratis."

_____

_____

_____

受動態
La forma passiva

受動態を形成するのは「他動詞」です。他動詞とは「直接目的語」をとる動詞です。「警官が泥棒を逮捕する」が能動態であり、「泥棒は警官に逮捕される」が受動態です。つまり、能動態での直接目的語「泥棒を」を、「泥棒は」と主語に置き換えたものが受動態です。

❶ 受動態の現在形の作り方

> essere ＋ 他動詞の過去分詞 ＋ da ＋ 動作主
> ※過去分詞は「主語の性数」に応じて語尾変化が必要です。

La cena *è preparata* da Luisa.
夕食はルイーザによって準備されます。

⬇ 能動態

Luisa *prepara* la cena.
ルイーザは夕食を準備します。

Le valigie *sono portate* in camera dal facchino.
スーツケースはボーイさんによって部屋に運ばれます。

⬇ 能動態

Il facchino *porta* le valigie in camera.
ボーイさんが部屋にスーツケースを運んでくれます。

❷ 受動態の近過去の作り方

> essere ＋ stato ＋ 他動詞の過去分詞 ＋ da ＋ 動作主
> ※stato と過去分詞は「主語の性数」に応じて語尾変化が必要です。

Questa tesi di laurea *è stata scritta* da una studentessa giapponese.
この卒業論文はある日本人の女子学生によって書かれました。

⬇ 能動態

Una studentessa giapponese *ha scritto* questa tesi di laurea.
ある日本人の女子学生がこの卒業論文を書きました。

Sono stato punto da una zanzara.
僕は蚊に刺されました。

⬇ 能動態

Una zanzara mi *ha punto*.
蚊が僕を刺しました。

❸ venire を用いる受動態

受動態において〈essere ＋ 過去分詞〉の形を〈venire ＋ 過去分詞〉と言い換えることもできます。意味は変わりませんが、essere を用いた場合に意味があいまいになるのを避けるために使われたりします。また、venire は単純時制のみ（現在形、未来形、半過去など）可能な表現で、複合時制（近過去、前未来、大過去など）では使えません。

I bambini vengono vaccinati contro la nuova influenza.
子供たちは新型インフルエンザのワクチンを接種されます。

La pensione verrà assegnata all'età di 60 anni.
年金は 60 歳で支給されるでしょう。

Questo vino veniva prodotto in Toscana.
このワインはトスカーナ州で生産されていました。

参考
a) Il ristorante di Elio è aperto fino a tardi. （形容詞の aperto）
エリオのレストランは遅くまで開いています。

b) Il ristorante di Elio viene aperto domani.
（過去分詞で受動の意味の aperto）
エリオのレストランが明日オープンされます。

*aperto は動詞 aprire の過去分詞であるが、a) の aperto は「開いている」という状態を表す形容詞。過去分詞が形容詞としても用いられるものは、essere を使うとあいまいになることもあり、受動態であることを確かにするために venire を用います。

❹ andare を用いる受動態

〈andare ＋ 過去分詞〉の形にすると「〜されるべきだ」といった意味の受動態になります。これは〈dovere ＋ essere ＋ 過去分詞〉でも言い換えることができますが、andare を用いた場合には、原則として動作主を表す〈da 〜 〉を用いることはなく、一般論を示す内容になります。また三人称単数・複数の単純時制でしか使われません。

Questa lettera va spedita per raccomandata.
(= Questa lettera deve essere spedita per raccomandata.)
この手紙は書留で送られるべきです。

I passeggeri andranno trasferiti su un pullman.
(= I passeggeri devono essere trasferiti su un pullman.)
乗客たちは送迎バスで移動させられるべきでしょう。

❺ si を用いる受動態

　〈si + 他動詞の三人称単数形・複数形〉の形で受動態になります。この構文の特徴として、直接目的語の位置に来る名詞が「受動態の主語」になり、動作主（da〜）は表現されません。すなわち、一般論を示すなど、動作主がはっきりしないときに使われます。

In Italia *si beve molto vino* a tavola.
　　　　　└受動態の主語
　　　└受動態の主語（ここでは il vino）に合わせて活用
イタリアの食卓ではワインが多く飲まれます。

In quel paese *si parlano due lingue*.
　　　　　　　　└受動態の主語
　　　└受動態の主語（ここでは due lingue）に合わせて活用
その国では2つの言語が話されています。

　この構文を近過去にするときには〈si + essere + 過去分詞 + 受動態の主語〉という形をとります。このときも「主語の性数」に応じて過去分詞の語尾変化が必要です。

Non *si è mai visto nulla di simile*.
　　　└主語の性数に一致　└受動態の主語（nulla は男性単数形）
同じようなものは一度も見られなかった。

Si sono scoperte prove importanti sul luogo dell'incidente.
└主語の性数に一致　　　　└受動態の主語
事故現場で重要な証拠が見つけられました。

Esercizi

1. 例のように、能動態の文を受動態に書き換えましょう。

例 Molti italiani leggono il giornale al bar.

➡ *Il giornale è letto da molti italiani al bar.*

1) Molti italiani amano questa cantante.

2) Mario lava il suo cane ogni mese.

3) Riccardo Muti dirige l'orchestra con grande bravura.

4) I fornai fanno il pane ogni sera.

5) Il poliziotto insegue il ladro.

6) Il Festival di San Remo conquista sempre il pubblico.

7) I bambini mangiano la torta in un attimo.

8) La polizia arresta il ladro.

9) Molte persone seguono la trasmissione di Santoro.

10) L'agenzia prenota l'albergo.

---

2. 次のリストはゆう子さんが旅行中に行うことをまとめたものです。それに対応して、それらが順次行われたという確認を、受動態で書いていきましょう。

cose da fare 行うこと	cose fatte da Yuko なされたこと
例 Scegliere la città da visitare. 訪れるべき町を選ぶ	➡ *La città da visitare è stata scelta.* 訪れるべき町が選ばれた
1) Frequentare un corso di lingua italiana.	
2) Preparare i bagagli.	
3) Non dimenticare le medicine.	
4) Prenotare l'albergo.	
5) Contattare gli amici italiani.	
6) Comprare il biglietto per il museo.	
7) Visitare chiese e monumenti.	
8) Vedere la mostra di pittura rinascimentale.	
9) Mangiare una vera pizza napoletana.	
10) Comprare i souvenir per gli amici.	

3.

下線部の動詞を venire を用いた受動態（現在形）に直して全文を完成させましょう。その上で、1)～3) を読み解き、それぞれがどのイタリアの都市について書かれたものか当ててみましょう。

1) Questa città a)considerare universalmente una delle città più belle del mondo e, insieme alla sua laguna, è patrimonio dell'umanità tutelato dall'UNESCO. Ancora oggi b)chiamare "Serenissima" o "Regina dell'Adriatico" e particolarmente famoso è il Carnevale che c)festeggiare qui ogni anno. Di quale città si tratta?

　　a) ＿＿＿＿＿＿＿＿＿＿　　　b) ＿＿＿＿＿＿＿＿＿＿

　　c) ＿＿＿＿＿＿＿＿＿＿　　都市 ＿＿＿＿＿＿＿＿＿＿

2) Da secoli a)chiamare "La città eterna" ed è stata la prima metropoli dell'umanità e, soprattutto, il cuore di una delle più importanti civiltà antiche. In questa città b)conservare beni artistici e architettonici unici al mondo per quantità e valore artistico, perciò ogni anno c)visitare da milioni di turisti. Di quale città si tratta?

　　a) ＿＿＿＿＿＿＿＿＿＿　　　b) ＿＿＿＿＿＿＿＿＿＿

　　c) ＿＿＿＿＿＿＿＿＿＿　　都市 ＿＿＿＿＿＿＿＿＿＿

3) A questa città a)riconoscere il merito di essere stata il luogo d'origine del Rinascimento e b)considerare pertanto, una delle culle dell'arte e dell'architettura italiana. Numerosi sono i musei e i monumenti dove c)esporre opere d'arte di inestimabile valore. Di quale città si tratta?

　　a) ＿＿＿＿＿＿＿＿＿＿　　　b) ＿＿＿＿＿＿＿＿＿＿

　　c) ＿＿＿＿＿＿＿＿＿＿　　都市 ＿＿＿＿＿＿＿＿＿＿

4.

次の文の空欄に当てはまる venire の活用形を、次の語群から選んで入れましょう。時制と活用形の両方に注意して選んでください。

1) Il quadro ＿＿＿＿＿＿ esposto la settimana prossima alla mostra.

2) In quella zona in passato ＿＿＿＿＿＿ coltivate solo le olive.

3) L'Umbria è l'unica regione italiana che non _____ bagnata dal mare.

4) Queste sono le feste che _____ organizzate quest'estate.

5) Nella provincia di Asti _____ prodotti ottimi vini.

6) È una canzone molto famosa, _____ cantata in tutto il mondo.

7) Un tempo questa città _____ visitata da tanta gente.

> veniva / venivano / viene / verrà /
> verranno / vengono / viene

5. （　　）内の動詞を andare を用いた受動態（現在形）に直して、「～ されるべきだ」という文を完成させましょう。

Cose da fare quando si prende un treno italiano
イタリアの電車に乗るときにするべきこと

1) _____ gli annunci per sapere se c'è sciopero o ritardo dei treni. (ascoltare)

2) Il biglietto _____ prima perché spesso alla biglietteria la fila è lunga e lenta. (comprare)

3) Il posto _____ per evitare di viaggiare in piedi. (prenotare)

4) _____ panini e l'acqua prima, perché a volte la carrozza ristorante non funziona. (comprare)

5) Il biglietto _____ prima di salire, altrimenti si prende la multa. (timbrare)

6) I bagagli _____ sotto controllo perché spesso li rubano. (tenere)

7) I ritardi _____ con pazienza, tanto non c'è niente da fare! (prendere)

6. 例にならって、与えられた文を 〈dovere essere + 過去分詞〉と
〈andare + 過去分詞〉の両方で書き換えましょう。

例 Non devi sprecare il tempo in cose inutili.

➡ *Il tempo non deve essere sprecato in cose inutili da te.*

➡ *Il tempo non va sprecato in cose inutili.*

※〈andare + 過去分詞〉の受動態では動作主を表す 〈da + 人〉は用いられないことに注意。

1) Non dovete buttare i rifiuti inorganici qui.

_____

_____

_____

_____

2) I viaggiatori devono fare il biglietto prima di salire sul treno.

_____

_____

_____

_____

3) Il cliente deve pagare il conto.

_____

_____

_____

_____

4) Gli automobilisti devono guidare con prudenza l'auto.

_____

_____

_____

_____

5) Claudio deve prendere le medicine 3 volte al giorno.

_____

_____

_____

_____

6) Dobbiamo mostrare il passaporto al poliziotto.

_____

_____

_____

_____

7. 文意をよく考え、venire または andare を適切に活用させて入れましょう。

1) I genitori _____ chiamati a rispondere del comportamento dei loro figli.

2) Il cellulare di Andrea _____ controllato spesso dalla moglie.

3) La pizza _____ mangiata calda altrimenti non è buona.

4) I biglietti dell'autobus _____ comprati prima di salire.

5) In molti bar, se bevi l'apertivo, ti _____ offerto da mangiare.

6) Il film di Tornatore _____ visto, è bellissimo!

7) Per andare a Capri il traghetto _____ preso da Salerno o da Napoli.

8) I miei figli _____ portati ogni giorno a scuola da mio marito.

9) Dicono che il caffè non _____ bevuto di sera perché non fa dormire.

10) È un argomento difficile, _____ seguito con attenzione.

8. 次の文を読み進めながら、内容に合う「受動の si」を（　　）内の
2つから選んで全文を完成させましょう。

Il Carnevale

Il Carnevale è una festa di tradizione cristiana che **1)** (**si celebra /
si celebrano**) in tutt'Italia anche se in modo diverso a seconda delle
tradizioni locali. I festeggiamenti **2)** (**si svolge / si svolgono**) di
solito per strada dove si canta e si balla allegramente. In particolare il
Carnevale **3)** (**si caratterizza / si caratterizzano**) per il fatto che
tutti si travestono e indossano una maschera e con quella partecipano
a una sfilata. Tra i tantissimi e più o meno famosi carnevali italiani
ricordiamo che quello che **4)** (**si tiene / si tengono**) a Venezia è
considerato uno dei più importanti al mondo, ed è famoso per la
bellezza dei suoi costumi, lo sfarzo dei festeggiamenti nella magica
atmosfera della Laguna e perché in quei giorni di festa **5)** (**si svolge /
si svolgono**) moltissime manifestazioni: mostre d'arte, sfilate di
moda, spettacoli teatrali.

9. 次の受動態の文を、「受動の si」を用いた形に書き換えてください。
ただし「受動の si」を使えない文もあるので、その場合は×を入れ
てください。

例 A Carnevale, di solito, vengono mangiate le frittelle.

➡ *A Carnevale, di solito, si mangiano le frittelle.*

1) Nuove tecnologie vengono sviluppate per ridurre la distruzione
dell'ambiente.

_____

_____

2) Le olive vengono conservate sott'olio.

_____

3) Questi pomodori sono coltivati da mio padre.

_____

4) Queste arance sono coltivate in Sicilia.

_____

5) Questo vino viene prodotto in Puglia.

_____

6) Il viaggio viene offerto dalla ditta sponsor.

_____

7) Per fare il tiramisù va usato il mascarpone.

_____

_____

10. 次の文を読み進めながら、下線部の受動態を、意味は変えることなく、別の受動態の形に置き換えてみましょう。

Firenze e i suoi monumenti

Firenze 例)è considerata una delle città italiane più ricche di monumenti e di opere d'arte tra quelle che 1)vengono visitate ogni anno da moltissimi turisti italiani e stranieri. È impossibile parlare di tutte le opere d'arte che 2)sono conservate nei musei e nelle chiese fiorentine, ma 3)va detto che le più conosciute nel mondo sono sicuramente la Venere di Botticelli e il David di Michelangelo che 4)sono considerati simboli dell'arte rinascimentale italiana oltre che della città stessa.

La nascita di Venere, è un quadro allegorico che 5)si data intorno al 1482–85 ed è diventato famoso per la bellezza della figura della Venere, ma anche per i misteriosi simboli e molteplici significati che si nascondono all'interno di quest'opera. La Venere 6)è conservata nel celebre museo degli Uffizi.

Il David invece, è una grande scultura in marmo che 7)è stata realizzata da Michelangelo tra il 1501 e il 1504. L'originale di questa celebre scultura 8)è esposto nella Galleria dell'Accademia a Firenze e da sempre, questo antico eroe della Bibbia 9)si identifica come un simbolo di forza e potenza della città.

Riguardo alle opere architettoniche, invece, oltre al Duomo, al

Campanile di Giotto e al Battistero di San Giovanni, che sono tra le più importanti testimonianze dell'arte italiana, 10)va assolutamente visitata la Chiesa di Santa Croce. Questa chiesa che 11)viene anche chiamata "Tempio delle glorie italiane" perché vi sono conservate da secoli e secoli, le tombe di molti uomini importanti, politici, letterati, religiosi e artisti che hanno fatto grande l'Italia.

例 *viene considerata*

1) _____ 2) _____

3) _____ 4) _____

5) _____ 6) _____

7) _____ 8) _____

9) _____ 10) _____

11) _____

ジェルンディオとは、動詞を副詞的な役割にするものです。ジェルンディオ
を用いると、「食べる」という動詞が「食べてから」や「食べながら」といっ
た意味になり、別の文とつなげやすくなります。

❶ ジェルンディオの作り方

不定詞の語尾を次のように変えます。

-are 動詞 ➡ -ando	parlare	➡	parlando
-ere 動詞 ➡ -endo	mettere	➡	mettendo
-ire 動詞 ➡ -endo	partire	➡	partendo

少数ですが、不規則的なものもあります。これらは直説法半過去の不規則性
に一致します。

fare ➡ facendo   dire   ➡ dicendo
bere ➡ bevendo   produrre ➡ producendo

※ジェルンディオは動詞の持つ一形態ですが、活用はしません。また、主語などによる語尾変化
も一切ありません。

❷ ジェルンディオの用法

本来、接続詞でつながっている2つの文の従属節を、ジェルンディオを使う
ことで簡略化できます。このとき「主語」と「時制」が同じであることが原則
です。ここではジェルンディオが持つ主な意味にしたがって整理しておきまし
ょう。

1) 同時性を表す場合

Facendo le traduzioni *utilizzo* spesso Internet.
　　└主語と時制が同じ　　　└主語と時制が同じ

(= Quando faccio le traduzioni, utilizzo spesso Internet.)
翻訳をするとき、私はよくインターネットを利用します。

Guardando il telegiornale mio padre fa colazione.

(= Mentre guarda il telegiornale, fa colazione.)
テレビのニュースを見ながら、父は朝食をとります。

L'ho incontrato andando alla stazione.

(= L'ho incontrato mentre andavo alla stazione.)
駅に行く途中で、私は彼に会いました。

2) 原因・理由を表す場合

Essendo figlio unico, ho voglia di avere fratelli.

(= Siccome sono figlio unico, ho voglia di avere fratelli.)

僕は一人っ子なので、兄弟が欲しいです。

Venendo a Firenze, abbiamo visitato anche Fiesole.

(= Visto che siamo venuti a Firenze, abbiamo visitato anche Fiesole.)

フィレンツェまで来たので、私たちはフィエーゾレも訪れました。

3) 条件を表す場合

Studiando di più potrai superare l'esame.

(= Se studi di più, potrai superare l'esame.)

もっと勉強すれば、君は試験に合格できるだろうよ。

Avendo tempo vorremmo restare qui ancora una notte.

(= Se avessimo tempo, vorremmo restare qui ancora una notte.)

時間があるなら、私たちはもう一晩ここに留まりたいのですが。

4) 方法を表す場合

Ho dormito usando il divano come letto.

私はソファをベッドにして眠りました。

Si sono abbracciati piangendo.

彼らは泣いて抱き合いました。

5) 譲歩「〜にもかかわらず」を表す場合

〈Pur (= pure) + gerundio〉の形にします。

Pur essendo ammalato lavora ogni giorno.

(= Anche se è ammalato, lavora ogni giorno.)

病気なのに、彼は毎日働いています。

Pur volendo non riuscirei a farlo.

(= Benché volessi, non riuscirei a farlo.)

たとえ望んでも、私にそれはできないだろう。

❸ 時制を変えるジェルンディオ

ジェルンディオは原則として「主語」と「時制」が同じ場合に使いましたが、主動詞より以前へと「時制」を変えたい場合に、「複合形」のジェルンディオを用います。

ジェルンディオの「複合形」とは、近過去と同じ〈助動詞 avere または essere + 過去分詞〉の形をもとに、助動詞の部分をジェルンディオにした形を

言います。これに対して、これまでのジェルンディオの形は「単純形」とも言われます。

	ジェルンディオ単純形	ジェルンディオ複合形
lavorare	lavorando	avendo lavorato
andare	andando	essendo andato

※助動詞 essere の場合は、本来の主語の性数によって過去分詞が語尾変化します。上の essendo andato は andati, andata, andate と変化する可能性があります。

Avendo mangiato troppo, *si è sentito* male.
└主動詞より以前　　　　　　　└主動詞

(= Siccome aveva mangiato troppo, si è sentito male.)
食べ過ぎたので、彼は気持ち悪くなりました。

Essendo tornati tardi a casa, siamo andati subito a dormire.

(= Poiché eravamo tornati tardi a casa, siamo andati subito a dormire.)
帰宅が遅くなってしまったので、私たちはすぐに寝ました。

❹ 別々の主語を用いるジェルンディオ

ジェルンディオは原則として「主語」が同じでなければなりませんが、別個の主語をとることも可能です。このようなジェルンディオは「絶対ジェルンディオ」とも呼ばれ、特殊な用法と言えます。

Pur piovendo, è uscito.

(= Anche se pioveva, è uscito.)
雨が降っているのに、彼は出かけました。

Essendo arrivata Anna in tempo, ci siamo sentiti sollevati.

(= Visto che Anna è arrivata in tempo, ci siamo sentiti sollevati.)
アンナが時間通りに到着して、私たちは胸をなでおろしました。

※ジェルンディオ節の主語を明示するときには、ジェルンディオよりも後に置かれます。

❺ 代名詞を伴うジェルンディオ

ジェルンディオが目的語の代名詞や再帰代名詞などを伴う場合は、ふつうジェルンディオに結合させます。

Pur *conoscendola* da molti anni, non sapevo molto di lei.
└ジェルンディオに結合させる
何年も前から彼女と知り合いなのに、私は彼女のことをあまり知りませんでした。

Alzandoti presto vedrai tante belle vele all'orizzonte.
└再帰動詞 alzarsi のジェルンディオ
早起きすれば、水平線にたくさんの美しい帆が見えますよ。

※主動詞の主語に応じて再帰代名詞は mi, ti, si, ci, vi, si の変化をします。

194

Avendolo finito sono usciti per cenare.
それを終えてから、彼らは夕食に出かけました。
※複合形の場合も、代名詞はジェルンディオに結合させます。

❻ 進行形のジェルンディオ

〈stare + gerundio〉の形で「〜している最中だ」という進行形を作ることができます。

○ Giulio, puoi venire ad aiutarmi un attimo?
ジュリオ、ちょっと手伝いに来てくれない？

● Adesso no. Sto telefonando. Sto parlando con Francesco.
今はだめだよ。電話をしてるんだ。フランチェスコと話しているところなんだよ。

これを過去時制で用いるときには、stare の半過去を使います。

○Ti ho telefonato tante volte. Ma perché non mi hai risposto?
あなたに何度も電話をしたのよ。いったいどうして出てくれなかったの？

● Scusa, stavo facendo la doccia.
ごめんね、シャワーを浴びていたんだ。

▶ 知覚動詞の後に使われるジェルンディオと不定詞の違いに注意。

vedere, guardare, sentire, ascoltare のように「見る」「聞く」など感覚に関わる動詞を知覚動詞といいます。これらの動詞は、後ろにジェルンディオや不定詞を従えることができますが、意味は大きく異なるので注意しましょう。

Ho visto quel cantante entrando nel teatro.
私は劇場に入るときにその歌手を見ました。（entrare の主語は「私」）

Ho visto quel cantante entrare nel teatro.
私はその歌手が劇場に入るのを見ました。（entrare の主語は「歌手」）

— *Esercizi*

1. 例にならって、次の問いに対して、ジェルンディオを使って答えましょう。

例 Come ti ha salutato Vito? (sorridere)
ヴィートはあなたにどんなふうにあいさつしましたか？

➡ Mi ha salutato *sorridendo*.
彼は私に微笑みながらあいさつしました。

1) Come ti ha raccontato dell'incidente? (ridere)

Me lo ha raccontato _____.

2) Angelo come ha invitato Maria? (fare l'occhiolino)

L'ha invitata _____.

3) Come è uscito di casa tuo figlio? (correre)

È uscito _____.

4) Come ti ha spiegato l'accaduto? (piangere)

Me l'ha spiegato _____.

5) Come glielo ha detto? (scherzare)

Glielo ha detto _____.

6) Come se ne è andato? (sbattere la porta)

Se n'è andato _____.

7) Come torna Luisa a casa? (brontolare)

Torna sempre _____.

8) Come ti sei addormantata ieri sera? (guardare la tv)

Mi sono addormentata _____.

9) Come ti ha detto la verità? (chiedere scusa)

Me l'ha detta _____.

10) Come se n'è andata quella ragazza? (imprecare)

Se n'è andata _____.

2. （　）内の動詞をジェルンディオに直してから、和訳しましょう。

1) _____ fuori dalla finestra, mi sono accorta che nevicava. (guardare)

_____

2) Ho incontrato Anna _____ per il centro. (passeggiare)

_____

3) _____, Simone agita sempre le mani. (parlare)

_____

4) Mi fermerò all'edicola _____ a casa. (tornare)

_____

5) _____, Cristina si accese una sigaretta. (camminare)

_____

6) _____ animatamente non ci eravamo accorti che era tardi. (discutere)

_____

7) Gianni passa le sue serate _____ e _____ con gli amici. (mangiare, bere)

_____

8) Luisa non _____ all'appuntamento mi ha fatto molto arrabbiare. (venire)

_____

9) Giulio cantava _____ sempre il bicchiere pieno in mano. (tenere)

_____

10) Tempo _____ arriveremo puntuali. (permettere)

_____

3. 文意をよく考えて、左と右の語句を結びつけ、意味の通る文にしましょう。

1) Non essendo mai andato a Parigi •

2) Pur avendo sposato un giapponese •

3) Andando in palestra ogni giorno •

4) Mi sono accorta che non era italiano •

5) Anche prendendo lezioni di canto Lina •

6) Paola è tornata a casa •

7) Giogia è venuta a trovarmi •

8) Non avendo mangiato niente •

9) Facendo uno sport •

10) Mi guardava distratto •

• a) non parlo il giapponese.

• b) portandomi una torta enorme.

• c) sono riuscita a dimagrire.

• d) il bambino piangeva per la fame.

• e) mi diverto e mantengo in forma.

• f) pensando ai fatti suoi.

• g) non so se è veramente una bella città.

• h) parlandoci.

• i) camminando.

• l) non sa cantare bene.

4. 下線部をジェルンディオに書き換えましょう。

例 <u>Se non rinunci</u> a mangiare dolci, ingrasserai tanto.

➡ *Non rinunciando.*

1) <u>Siccome non avevamo prenotato</u> un tavolo, non abbiamo potuto cenare in quel ristorante.

_____

2) <u>Mentre tornavo</u> a casa pensavo a quello che era successo.

_____

3) Si è rotto una gamba <u>a sciare</u>.

4) Se continui a raccontare bugie non ti crederemo più.

_____

5) Siccome siamo venuti in autobus, torneremo a casa a piedi.

_____

6) Mi sono addormentato presto perché ero molto stanco.

_____

7) Luigi camminava verso di me e mangiava un gelato.

_____

8) Se tu prendessi la macchina, arriveremmo prima.

_____

9) Quando parlo di politica, mi arrabbio sempre!

_____

10) Se le cose stanno così, non possiamo fare nulle.

_____

5. （　　）内の接続詞を用いて、2つの節からなる平叙文に書き換え
ましょう。

例 Ieri sera, pur essendo stanchissima, non avevo voglia di andare a
letto. (anche se)

➡ *Ieri sera, anche se ero stanchissima, non avevo voglia di andare a letto.*

1) Non sono andato a lavorare avendo la febbre. (perché)

_____

_____

2) Spesso, tornando a casa, mi fermo al bar in piazza. (quando)

_____

_____

3) Passando da Taormina, andrei sicuramente al mare. (se)

_____

_____

4) Pur non avendo più soldi, continua a comprare di tutto. (anche se)

_____

_____

5) Non avvertendola, Lucia non era a casa ad aspettarmi. (siccome)

_____

_____

6) Portando la ricevuta potrai essere rimborsato. (se)

_____

_____

7) Stiro sempre guardando la televisione. (mentre)

_____

_____

8) Mio padre parlando urla sempre. (quando)

_____

_____

9) Laura è scivolata camminando sulla neve. (mentre)

_____

_____

10) Lavorando con Emma imparo molte cose. (quando)

_____

_____

6. 次の2つの文を、意味を変えることなく、ジェルンディオを用いて1文に書き換えましょう。

例 Noi lavoriamo nello stesso ufficio. Ci siamo conosciuti in ufficio.

➡ *Ci siamo conosciuti lavorando nello stesso ufficio.*

1) Giulia è uscita di casa tutta contenta. Ballava e cantava per la contentezza.

_____

_____

2) Io attraversavo la strada. Ho sentito Paolo che mi chiamava.

_____

_____

3) Ho fatto suonare a lungo il telefono. Pensavo che in casa ci fosse qualcuno.

_____

_____

4) C'è lo sciopero dei treni. I viaggiatori hanno subito molti disagi.

_____

_____

5) Ilaria parla a bassa voce. Non disturba i bambini che dormono.

_____

_____

7. 次の文をジェルンディオ複合形を用いて書き換えましょう。

例 Poiché aveva dimenticato le chiavi sul tavolo, mia sorella è dovuta tornare a casa.

➡ *Avendo dimenticato le chiavi sul tavolo, mia sorella è dovuta tornare a casa.*

1) Dopo che aveva consultato la mappa su Internet, mio padre è partito.

_____

_____

2) Poiché ha piovuto molto, l'aria è più fresca.

_____

_____

3) Se avessi finito il lavoro, mi sentirei più tranquilla.

_____

_____

4) Siccome ho mangiato molto a pranzo, preferisco non cenare.

_____

_____

5) Visto che avevo bevuto troppo, non ho guidato io l'auto.

_____

_____

6) Siccome ho perso l'autobus sono arrivato in ritardo.

_____

_____

7) Poiché non avevamo preso l'ombrello, ci siamo bagnati tutti.

_____

_____

8) Siccome siamo venuti a piedi, abbiamo fatto una bella passeggiata.

_____

_____

9) Dopo aver finito di cenare, sono uscita un po'.

_____

_____

10) Siccome non sono ancora stato informato, non ne so niente.

_____

_____

8. （　　）内の動詞をジェルンディオ（単純形または複合形）に直して文を完成させましょう。また、（　　）内の代名詞の使い方にも気をつけてください。

1) _____ personalmente, potresti incontrarlo. (andarci)

2) _____ all'ora di cena, lo troverai sicuramente. (telefonargli)

3) _____ dal letto, ho sentito un forte dolore alla schiena. (io-alzarsi)

4) _____ subito, avresti fatto molto meglio. (tu-andarsene)

5) _____ la verità, forse ho sbagliato. (dirti)

6) _____ tardi, non è venuta al corso di danza. (lei-svegliarsi)

7) Non _____, Luca non ha fatto la spesa. (ricordarsene)

8) _____ già preferisco, andare in un altro posto. (io-esserci)

9) _____ già una, non ho voglia di comprare un'altra tv. (io-comprarne)

10) _____ molto bene, posso dirti che è una brava ragazza. (conoscerla)

9. 文意に合うように語群から適切な動詞を選び、現在進行形の文を作りましょう。

例 Il treno *sta partendo* dal binario 4.

1) Il parrucchiere _____ i capelli a Sara.

2) I tifosi _____ la partita di calcio.

3) Il giornalista _____ un'attrice famosa.

4) Noi _____ a casa dopo una lunga vacanza.

5) Sento il profumo del pane che il fornaio _____!

6) Il vigile ci _____ una multa!

7) Le ballerine _____ il balletto per lo spettacolo.

8) Silenzio! Il sacerdote _____ la messa.

9) Scusami, ora non posso parlare al telefono perché
_____ di casa e sono in ritardo!

> intervistare / dire / tagliare/ fare / **例** partire /
> ritornare / seguire / sfornare / uscire / provare

10. 次のおとぎ話を読みながら、下線部のジェルンディオがどの意味
（用法）で使われているか、下の 1)～6) にグループ分けしましょう。

Cappuccetto Rosso

C'era una volta una bambina che si chiamava Cappuccetto Rosso
perché portava sempre un cappuccio rosso in testa. Un giorno la
madre le dice di andare dalla nonna malata a portarle una focaccia e
una bottiglia di vino _例raccomandandole, però, di fare molta
attenzione attraversando il bosco. Quando arriva nel bosco
Cappuccetto Rosso incontra il lupo e non sapendo che era un animale
pericoloso comincia a parlare con lui e gli dice dove sta andando. Il
lupo allora, sorridendole la invita a raccogliere fiori per la nonna e
intanto corre a casa della nonna e fingendosi Cappuccetto Rosso si fa
aprire dalla nonna e la divora. Avendo mangiato la nonna, il lupo si
mette nel suo letto indossando i suoi vestiti e aspettando l'arrivo di

Cappuccetto Rosso con l'intenzione di mangiare anche lei. Più tardi arriva Cappuccetto Rosso che <u>entrando</u> nella stanza capisce che c'è qualcosa di strano, ma il lupo divora anche lei e poi, <u>avendo mangiato</u> così tanto, decide di fare un pisolino. Un cacciatore <u>passando</u> da quelle parti <u>sentendo</u> il lupo russare forte entra a vedere e <u>avendo capito</u> subito cosa il lupo aveva fatto lo uccide <u>aprendogli</u> la pancia e <u>liberando</u> così Cappuccetto Rosso e la nonna.

1) quando（〜するとき）：時

2) mentre（〜する間、〜する一方）：時間

3) in che modo（〜しながら）：様態

   raccomandandole

4) in quel momento（〜しているところ）：進行形

5) siccome（〜なので）：理由

6) dopo aver（〜あと）：時の前後

遠過去
Il passato remoto

遠過去は、近過去と同じく「〜した」「〜だった」など、完了を表す過去時制です。その用途としては、文学作品、歴史記述、新聞などの記事、論文など、文章語として多く用いられます。

❶ 遠過去の活用

遠過去は活用形を持つ過去時制です。規則活用は次の通りです。

	parlare	credere	dormire
io	parlai	credei (credetti)	dormii
tu	parlasti	credesti	dormisti
lui/lei/Lei	parlò	credé (credette)	dormì
noi	parlammo	credemmo	dormimmo
voi	parlaste	credeste	dormiste
loro	parlarono	crederono (credettero)	dormirono

※ -ere 動詞は、一人称単数形、三人称単数形と複数形に 2 通りの形があります。

遠過去は不規則活用の多い時制です。代表的なものを覚えましょう。

	fare	dare	dire	stare	essere
io	feci	diedi (detti)	dissi	stetti	fui
tu	facesti	desti	dicesti	stesti	fosti
lui/lei/Lei	fece	diede (dette)	disse	stette	fu
noi	facemmo	demmo	dicemmo	stemmo	fummo
voi	faceste	deste	diceste	steste	foste
loro	fecero	diedero (dettero)	dissero	stettero	furono

	avere	prendere	vedere	venire
io	ebbi	presi	vidi	venni
tu	avesti	prendesti	vedesti	venisti
lui/lei/Lei	ebbe	prese	vide	venne
noi	avemmo	prendemmo	vedemmo	venimmo
voi	aveste	prendeste	vedeste	veniste
loro	ebbero	presero	videro	vennero

❷ 遠過去の用法

La prima guerra mondiale iniziò nel 1914.
第一次世界大戦は 1914 年に始まりました。

Alla fine dell'Ottocento molti europei emigrarono negli Stati Uniti.
1800 年代の終わりに、ヨーロッパ人の多くがアメリカ合衆国に移住しました。

Il castello fu edificato nel XII (dodicesimo) secolo.
その城は 12 世紀に建てられました。

Mi disse che aveva delle informazioni riservate.
彼は私に内々の知らせがあると言いました。

❸ 先立過去の作り方

　先立過去（または前過去）は、遠過去で表された行為・状態などに対し、その前に完了した事柄を示します。近過去における大過去との関係と同じです。

> **avere または essere の遠過去＋過去分詞**
> ※ avere, essere の使い分けは近過去と同じです。

❹ 先立過去の活用

	助動詞 avere lavorare 働く	助動詞 essere partire 出発する
io	ebbi lavorato	fui partito/a
tu	avesti lavorato	fosti partito/a
lui/lei/Lei	ebbe lavorato	fu partito/a
noi	avemmo lavorato	fummo partiti/e
voi	aveste lavorato	foste partiti/e
loro	ebbero lavorato	furono partiti/e

❺ 先立過去の用法

Appena il ladro si fu avvicinato all'ingresso, il cane si mise ad abbaiare.
泥棒が玄関口に近づくやいなや、犬が吠え出しました。

Dopo che ebbe preso la medicina, il Duca andò subito a letto.
薬を飲むと、公爵はすぐに床に就きました。

━━ Esercizi

1. 次の動詞の遠過去の活用表を完成させましょう。

	1) andare	2) potere	3) partire	4) essere	5) avere
io		potei			ebbi
tu	andasti				
lui/lei/Lei			partì		
noi	andammo				
voi		poteste			
loro				furono	

2. 左の不定詞と、それに属する遠過去形を結びつけましょう。

1) dire •   • a) desti

2) piacere •   • b) rimasi

3) spegnere •   • c) tennero

4) tenere •   • d) chiesero

5) stare •   • e) spensero

6) chiedere •   • f) stemmo

7) bere •   • g) sapemmo

8) rimanere •   • h) piacqui

9) dare •   • i) dicesti

10) nascere •   • l) beveste

11) sapere •   • m) nacque

3.

例のように、遠過去の活用形をよく見て、それに合う主語代名詞を入れましょう。

例 _Loro_ persero il treno.

1) _____ gli dissi tutto quel che pensavo.

2) L'anno scorso _____ spese un sacco di soldi in viaggi.

3) _____ chiusi la finestra perché faceva freddo.

4) _____ facemmo tardi all'appuntamento dal medico.

5) Dopo quella visita _____ smise subito di fumare.

6) Mi sono offesa perché _____ diceste delle cose stupide.

7) _____ visse più di 80 anni.

8) _____ tornammo a casa distrutti!

9) Per scherzo _____ scrissero una lettera d'amore.

10) _____ andaste poi a vedere lo spettacolo?

4.

次の遠過去の文を、（　　　）内の主語で書き換えましょう。

例 Eva non venne a scuola. (loro) ➡ _Non vennero a scuola._

1) Facemmo una domanda al professore. (io)

_____

2) Prese una decisione difficile. (loro)

_____

3) Chiesi un'informazione stradale. (noi)

_____

4) Rimasero a lungo in Italia. (lui)

_____

5) Gli scrivemmo una lunga lettera. (io)

_____

6) Sandro ruppe il bicchiere. (i bambini)

_____

7) Visitammo tutto il museo. (io)

_____

8) Vinceste voi il campionato nel 2004? (tu)

_____

9) Corse fino al traguardo. (loro)

_____

10) Le parole che mi disse anni fa le ricordo ancora bene. (loro)

_____

_____

5. 次の直説法現在の文を遠過去で書き換えましょう。

例 Conosco una ragazza splendida. ➡ *Conobbi una ragazza splendida.*

1) Angela è molto felice.

_____

2) Perdono un'occasione importante.

_____

3) Luca non dice una parola.

_____

4) Rimaniamo a Roma solo due giorni.

_____

5) Ti chiede di darle un altro appuntamento?

_____

6) Comprando, fanno un grosso affare.

_____

7) Vedete poi Alessio al bar?

_____

8) Mi dice tutto del suo ragazzo.

_____

9) Scendono velocemente dalle scale.

_____

10) Come rispondi alla mia domanda?

_____

6. 次の文を読み進めながら、下線部の動詞を遠過去で適切に活用させ、全文を完成させましょう。

Tra due litiganti, il terzo gode

Un giorno un orso e un leone litigavano per un grosso pezzo di carne. "L'ho visto prima io!" 1) esclamare l'orso, "sì, ma io l'ho preso per primo" 2) rispondere il leone. "Allora dividiamolo a metà" 3) proporre l'orso più conciliante, "no, perché è tutto mio" 4) insistere il leone con prepotenza.

Ben presto, i due 5) passare dalle parole ai fatti e 6) cominciare a lottare. 7) Lottare a lungo, 8) stancarsi e alla fine 9) fermarsi a riposare un po'. Essendo molto stanchi 10) finire per addormentarsi e una volpe che passava di lì, li 11) vedere, 12) capire prontamente cosa era successo, 13) prendere il pezzo di carne e se lo 14) mangiare con comodo.

1) _____ 2) _____ 3) _____

4) _____ 5) _____ 6) _____

7) _____ 8) _____ 9) _____

10) _____ 11) _____ 12) _____

13) _____ 14) _____

7. 文意を読み取って、適切な過去の形（近過去、半過去、遠過去）を選びましょう。

1) Quando (ero / sono stato / fui) bambino giocavo sempre a palla.

2) Infine la principessa (sposava / ha sposato / sposò) il suo principe azzurro.

3) Ti raccontai come la (conoscevo / ho conosciuto / conobbi).

4) Stefania non è venuta perché (era / è stata / fu) molto stanca.

5) La canzone "Volare" (vinceva / ha vinto / vinse) il Festival di Sanremo negli anni '50.

6) Sabato scorso (andavo / sono andata / andai) a trovare mia zia.

7) Napoleone (perdeva / ha perso / perse) la battaglia di Waterloo.

8) Il padre morì quando Lisa (aveva / ha avuto / ebbe) solo 10 anni.

9) Dante Alighieri (scriveva / ha scritto / scrisse) la Divina Commedia.

10) Roma non (era / fu / è stata) fatta in un giorno.

8. 次の文を読み進めながら、1)〜20)の活用形の不定詞を書き出しましょう。

La leggenda di Romolo e Remo

Un'antichissima leggenda racconta che 例)furono due fratelli gemelli, Romolo e Remo, a fondare la città di Roma.

Romolo e Remo erano figli di Rea Silvia, figlia del re di una città del Lazio che si chiamava Alba Longa. Un giorno il fratello del re, Amulio, 1)imprigionò il re per usurpargli il trono, e 2)costrinse l'unica nipote, Rea Silvia, a diventare una sacerdotessa della dea Vesta obbligata alla castità per evitare che avesse figli maschi che potessero un giorno reclamare il trono.

Un giorno il dio Marte 3)vide Rea Silvia, la 4)sedusse e più tardi 5)nacquero due gemelli. Quando lo zio Amulio lo 6)seppe, fece seppellire viva la povera Rea Silvia perché aveva rotto il voto di castità e 7)ordinò ad una serva di uccidere i bambini. La serva invece,

$_{8)}$mise i bambini in una cesta e $_{9)}$lasciò che il fiume Tevere li portasse lontano. Quando finalmente la cesta $_{10)}$si arenò, una lupa sentendo il pianto dei bambini li $_{11)}$trovò e li $_{12)}$allattò; più tardi li trovò un pastore, Faustolo, che li $_{13)}$allevò insieme a sua moglie Acca Larenzia.

Diventati adulti, Romolo e Remo $_{14)}$vennero a sapere della loro storia, $_{15)}$uccisero lo zio Amulio e $_{16)}$riportarono sul trono il nonno che gli $_{17)}$dette il permesso di fondare una nuova città nel posto dove erano cresciuti. Non sapendo chi dei due fosse il maggiore, i gemelli $_{18)}$decisero che sarebbe diventato re della città quello che dei due avesse visto per primo più uccelli in volo. Pare che Remo li vide per primo ma che Romolo ne vide in gran numero; per questo motivo $_{19)}$nacque un litigio fra i due e Romolo $_{20)}$uccise Remo e diventando così il primo re di Roma, era il 21 aprile del 753 a.c.

例 *essere*

1) _____   2) _____   3) _____

4) _____   5) _____   6) _____

7) _____   8) _____   9) _____

10) _____   11) _____   12) _____

13) _____   14) _____   15) _____

16) _____   17) _____   18) _____

19) _____   20) _____

話法の転換
Il discorso diretto e indiretto

　他人の話を伝えるには2つの方法があります。その人が言ったままを伝える「直接話法」と、自分の言葉に直して伝える「間接話法」です。次の例を見てみましょう。

直接話法

Giovanni mi ha detto: «Ho già visto questo film.»

ジョヴァンニは僕に「この映画はもう見たよ」と言いました。

間接話法

Giovanni mi ha detto che aveva già visto quel film.

ジョヴァンニは僕に、その映画はもう見たのだと言いました。

　このように話法を転換するときには「主語」「時制」「時間を表す副詞」などが変化します。そのルールを覚えましょう。

▶ 話法の転換のポイント

　直接話法から間接話法へ換えるときに、次のポイントが変換されます。

1) 主語人称代名詞

直接話法		間接話法	
io 私は	tu 君は	lui 彼は	lei 彼女は
noi 私たちは	voi 君たちは	loro 彼らは	

直接話法

Maria mi dice: «*Io e Paolo* (= *noi*) arriviamo verso le sei.»

マリアは私に「私とパオロは6時頃に着くわ」と言っています。

間接話法

Maria mi dice che *lei e Paolo* (= *loro*) arrivano verso le sei.
　　　　　　　　└主語の転換

マリアは私に、彼女とパオロは6時頃に着くと言っています。

2) 直接・間接目的語代名詞

直接話法		間接話法			
mi 私を、私に	tu 君を、君に	lo 彼を	la 彼女を	gli 彼に	le 彼女に
ci 私たちを、私たちに		li 彼らを		le 彼女たちを	
vi 君たちを、君たちに		gli 彼らに、彼女たちに			

Stefano e Franco chiedono: «*Ci* accompagnano all'albergo?»

ステーファノとフランコは「(彼らは)僕らをホテルまで送ってくれるの？」と聞いています。

間接話法

Stefano e Franco chiedono se *li* accompagnano all'albergo.

⌐直接目的語代名詞の転換

ステーファノとフランコは、彼らをホテルまで送ってくれるのかどうか聞いています。

3) 所有形容詞（代名詞）と指示形容詞（代名詞）

直接話法		間接話法
mio 私の	tuo 君の	suo 彼の、彼女の
nostro 私たちの	vostro 君たちの	il（など常に冠詞つき）loro 彼らの、彼女たちの

直接話法

Francesco risponde: «*Nostro* padre è d'accordo con noi.»

フランチェスコは「僕らの父は、僕たちに賛成だ」と答えています。

間接話法

Francesco risponde che il *loro* padre è d'accordo con loro.

⌐所有形容詞の転換

フランチェスコは、彼らの父が彼らに賛成であると答えています。

直接話法	間接話法
questo この、これ	quello その、それ

直接話法

Carla chiede a Paolo e Gino: «Vi piace *questa* macchina?»

カルラはパオロとジーノに「あなたたちはこの車が好きですか？」と聞いています。

間接話法

Carla chiede a Paolo e Gino se gli piace *quella* macchina.

⌐指示形容詞の転換

カルラはパオロとジーノに、彼らはその車が好きかどうか聞いています。

4) 場所・時を表す副詞と副詞的表現

直接話法	間接話法
oggi 今日	quel giorno その日
ieri 昨日	il giorno prima 前日
domani 明日	il giorno dopo 翌日
stasera 今夜	quella sera その夜
stamattina 今朝	quella mattina その朝
un anno fa 去年	l'anno prima 前年
adesso, ora 今	allora, in quel momento そのとき
qui, qua ここ	lì, là, in quel luogo そこ、その場所

Anna mi ha detto: «*Adesso* non posso uscire.»

アンナは私に「今は出かけられないわ」と言いました。

間接話法

Anna mi ha detto che *in quel momento* non poteva uscire.
└─時の表現の転換

アンナは私に、そのときは出かけられないと言いました。

直接話法

Il poliziotto ha detto: «Qui c'è stato un incidente.»

警官は「ここで事故がありました」と言いました。

間接話法

Il poliziotto ha detto che in quel luogo c'era stato un incidente.
└─場所の表現の転換

警官は、その場所で事故があったのだと言いました。

5) 時制の一致

時制を換えるときには、〈主動詞の時制〉を目安にします。

a) 主動詞が現在または未来

直接話法	間接話法
(直説法・接続法) 現在	(直説法・接続法) 現在
近　過　去	近　過　去
未　　　来	未　　　来

※すなわち、主動詞が現在か未来ならば、時制は換えなくてよいわけです。

直接話法

Gli studenti dicono agli amici: «*Dobbiamo* sostenere l'esame.»
└─主動詞が現在形　　　　　└─話法が現在形

その学生たちは友達に「僕らは試験を受けないといけないんだ」と言っています。

間接話法

Gli studenti dicono agli amici che *devono* sostenere l'esame.
└─時制は転換せず (現在形)

その学生たちは友達に、(彼らは)試験を受けなければならないのだと言っています。

直接話法

Quello studente *dirà* sicuramente: «*Ce l'ho* fatta!»
└─主動詞が未来　　　　　　　└─話法が近過去

その学生はきっと「やりました！」と言うでしょう。

間接話法

Quello studente dirà sicuramente che *ce l'ha* fatta.
└─時制は転換せず (近過去)

その学生はきっと (彼は) やり遂げたと言うでしょう。

直接話法に命令法が用いられる場合、間接話法は〈di ＋ 不定詞〉になります。

Il professore dice a Maria: «Studia di più!»

先生はマリアに「もっと勉強しなさい」と言います。

間接話法

Il professore dice a Maria di studiare di più.

先生はマリアにもっと勉強するように言います。

b) 主動詞が過去時制（近過去、半過去など）

次の表の通り、時制の一致が行われます。

直接話法	間接話法
(直説法・接続法)現在、半過去	(直説法・接続法)半過去
直説法近過去(遠過去、大過去)	直 説 法 大 過 去
接 続 法 過 去・大 過 去	接 続 法 大 過 去
直 説 法 未 来	条 件 法 過 去
条 件 法 現 在・過 去	条 件 法 過 去

直説話法

Renata *ha risposto*: «*Penso* che *l'abbia trovata* Giulio.»
　　　└主動詞が近過去　└直説法現在　└接続法過去

レナータは「彼女を見つけたのはジュリオだと思うわ」と答えました。

間接話法

Renata ha risposto che *pensava* che *l'avesse trovata* Giulio.
　　　　　　　　　└直説法半過去　└接続法大過去

レナータは、彼女を見つけたのはジュリオだと思うと答えました。

直接話法

L'avvocato mi ha giurato: «Non lo dirò a nessuno.»
　　　└主動詞が近過去　　　└直説法未来

弁護士は私に「そのことは誰にも言うつもりはありません」と誓いました。

間接話法

L'avvocato mi ha giurato che non lo avrebbe detto a nessuno.
　　　　　　　　　　　　　　　　　└条件法過去

弁護士は私に、そのことは誰にも言うつもりはないと誓いました。

━ *Esercizi*

1. 例のように、次の直接話法を間接話法に書き換えましょう。

例 Luigi: "arrivo tardi, perché ho perso il treno!"

➡ *Luigi dice che arriva tardi perché ha perso il treno.*

1) Yuko e Ayumi: "studiamo l'italiano perché ci piace la cucina italiana".

_____

_____

_____

2) Paolo: "tutti i fine settimana esco con la mia ragazza."

_____

_____

3) Sandro: "ti accompagno a casa?"

_____

4) Francesca e Ida: "andiamo a prendere una nostra amica alla stazione."

_____

_____

5) Silvia: "non ti preoccupare, ti chiamo domani!"

_____

_____

6) Mario: "oggi non mi sento molto bene."

_____

_____

7) Le ragazze: "vorremmo restare ancora un po', ma si è fatto tardi, dobbiamo tornare a casa."

2.
まず手紙文 [A] を読んでください。その上で、[A] の下線部に留意しながら、それを間接的に語る文 [B] の空欄を埋めて完成させましょう。

[A]

Ciao Lisa,

<u>qui</u> va tutto bene anche se <u>sono</u> appena arrivata e sono molto stanca. Il viaggio è stato lunghissimo ma ne <u>vale</u> davvero la pena perché Firenze è davvero una città bellissima. <u>Ho</u> già visitato il centro storico e alcune chiese insieme alla <u>mia</u> amica Mara, e domani <u>vogliamo</u> andare a vedere gli Uffizi. <u>Ci</u> è piaciuto moltissimo anche il mercato di San Lorenzo e <u>abbiamo</u> comprato già un sacco di cose da <u>portarvi</u> quando <u>torneremo</u> a casa. Un bacio grandissimo a tutti e tanti saluti anche da parte di Mara, ciao. Liliana.

[B]

Liliana scrive che 1) _____ va tutto bene, anche se 2) _____ appena arrivata e 3) _____ molto stanca. Dice anche che il viaggio è stato lunghissimo ma che ne 4) _____ davvero la pena perché Firenze è davvero una città bellissima. Scrive che 5) _____ subito visitato il centro storico e alcune chiese insieme alla 6) _____ amica Mara, e che il giorno dopo 7) _____ andare a vedere gli Uffizi. Aggiunge che 8) _____ è piaciuto moltissimo anche il mercato di San Lorenzo e 9) _____ comprato già un sacco di cose da 10) _____ quando 11) _____ a casa. Manda un bacio grandissimo a tutti e anche i saluti da parte di Mara.

3. 例にならい、次の間接話法を過去時制で書き換えましょう。

例 Dicono che torneranno fra due settimane.

➡ *Dissero che sarebbero tornati dopo due settimane.*

1) Dice che non può venire.

　　　_____

2) Dicono che se ne devono andare.

　　　_____

3) Dice che domani mi chiamerà.

　　　_____

4) Dice che ieri a Roma era bel tempo.

　　　_____

　　　_____

5) Dicono che verranno insieme domani.

　　　_____

　　　_____

6) Dice di aver perso l'autobus.

　　　_____

7) Dice che gli piacerebbe visitare anche Lucca.

　　　_____

　　　_____

8) Dice che partirà la settimana prossima.

　　　_____

4. 例の通り、次の直接話法を、時制に気をつけて間接話法に書き換えましょう。

囫 Carlo mi disse: "ieri sono uscito con dei miei vecchi compagni di scuola."

➡ *Carlo mi disse che il giorno prima era uscito con dei suoi vecchi compagni di scuola.*

1) Il cliente si lamentò: "la frutta che ho comprato ieri era marcia."

_____

_____

_____

2) Mia sorella ci disse: "gli ho telefonato 5 minuti fa ma non mi ha risposto nessuno."

_____

_____

_____

3) Gli studenti dissero: "non abbiamo capito niente di questa spiegazione."

_____

_____

4) La commessa si lamentò dicendo: "oggi non ho venduto quasi nulla!"

_____

_____

_____

5) Laura esclamò: "ho già visto quel film al cinema."

_____

_____

6) Anna disse: "forse mia madre è andata alla posta."

_____

7) Carlo mi raccontò: "proprio qui, in questa casa, è nato mio padre."

_____

_____

5. まず会話文 [A] を読み、それについて語る文 [B] を空欄を埋めて完成させましょう。

[A]

Elena: Ciao, senti, Luana, non sai cosa mi è successo! Sono sconvolta…

Luana: Che ti è successo? Dimmi!

Elena: Sandro, il mio ragazzo, ha fatto mettere da un pasticcere un anello di diamanti nell'uovo di cioccolata che voleva regalarmi per Pasqua…

Luana: Ma che bello! Un uovo con una bellissima sorpresa! È un'idea davvero originale per chiederti di sposarlo, no?

Elena: Veramente mi ha lasciata… il fatto è che io non sapendolo, ho riportato indietro l'uovo perché era di cioccolato fondente, e a me il fondente non piace, e l'ho cambiato con uno di cioccolato al latte…

Luana: Oh, Dio! E l'uovo con l'anello?

Elena: Non si trova, naturalmente! Forse è stato venduto… comunque Sandro si è arrabbiato moltissimo, ma io non l'ho fatto apposta! Non so cosa fare!

Luana: Oh, caspita! Credo che non ritroverete mai l'uovo con l'anello, perché mi sembra molto difficile che chi lo troverà, ve lo restituisca!

[B] ルアーナ (Luana) 自身が語る文

Ricordo bene la storia dell'uovo di Pasqua di Sandro! Elena mi telefonò disperata e mi raccontò che Sandro, il 1) _____

ragazzo 2) _____ fatto mettere da un pasticcere un

anello di diamanti nell'uovo di cioccolata che voleva regalar

3) _____ per Pasqua. Quando lo sentii, pensai che

4) _____ davvero un'idea originale per chieder

5) _____ di sposarlo, ma lei, invece, mi disse che

Sandro l'6) _____ perché lei non sapendo che

nell'uovo ci fosse l'anello, l'7) _____ indietro. L'uovo,

infatti, era di cioccolato fondente, e a 8) _____ il

fondente non piace, e perciò l'9) _____ con uno di

cioccolato al latte. Quando Sandro aveva saputo del fatto si

10) _____ arrabbiato moltissimo ed aveva lasciato

Elena. Io dissi subito ad Elena che secondo me non 11) _____

mai l'uovo con l'anello perché mi 12) _____ molto

difficile che chi lo 13) _____ , gliel' 14) _____!

E infatti, così è stato.

6. 例にならって、次の疑問文を〈se + 接続法半過去〉を用いた間接
話法で書き換えましょう。明白な主語は省略し、代名詞に置き換え
られる語句は変えてください。

例 Maria ha chiesto a Serena: "hai caldo?"

➡ *Le ha chiesto se avesse caldo.*

1) Maria ha chiesto a Fabio: "hai telefonato a Mariella?"

_____

2) Maria ci ha chiesto: "siete sposati?"

_____

3) Maria vi ha chiesto: "volete dormire qui stanotte?"

_____

4) Maria ha chiesto ai bambini: "avete già mangiato?"

5) Maria mi ha chiesto: "hai abitato a Roma da piccola?"

7. 次の文を読み、下線部 1)〜5) を直接話法で書き換えましょう。答えの文は途中まで書かれているので、それに続けて書いてください。

Da "Pinocchio"

Un giorno nella bottega di un falegname chiamato maestro Ciliegia per via del suo naso rosso e lucido come una ciliegia matura, capitò uno strano pezzo di legno. All'inizio, infatti, appena il falegname lo vide, per la contentezza borbottò tra sè 1)che quel pezzo di legno era capitato al momento giusto e che voleva farne una gamba di tavolino. Prese allora l'ascia per cominciare il lavoro, ma proprio quando stava per colpire sentì una voce sottile sottile proveniente dal legno che si raccomandava 2)di non picchiarlo forte.

Con gli occhi smarriti maestro Ciliegia cominciò a guardare per tutta la stanza per vedere da dove poteva essere uscita quella vocina, ma non vide nessuno e disse allora ridendo 3)che aveva capito, se l'era immaginata lui.

Presa, dunque, l'ascia tirò un colpo molto forte sul pezzo di legno, ma subito sentì un grido di dolore e qualcuno che diceva 4)che gli aveva fatto male.

Maestro Ciliegia si spaventò moltissimo, e quando si riprese, pensando che forse dentro il pezzo di legno c'era nascosto qualcuno, cominciò a sbatterlo per tutta la stanza aspettando che si lamentasse, ma questa volta non sentì niente. Convinto di essersi sbagliato, prese allora la pialla e cominciò a piallare su e giù il legno quando sentì la solita vocina che gli diceva 5)di smettere, che gli faceva il pizzicorino sul corpo. ※ pizzicorino = solletico

Questa volta maestro Ciliegia cadde a terra come fulminato tanto fu lo spavento, e perfino la punta del naso gli diventò turchina per la gran paura.

1) borbottò tra sè:

_____

_____

_____

2) una voce che si raccomandava:

_____

3) disse allora ridendo:

_____

4) sentì un grido di dolore e qualcuno che diceva:

_____

5) diceva:

_____

著者

京藤好男（きょうとう　よしお）

東京外国語大学イタリア語学科卒業。1995年に文部省国際交流制度派遣留学生として、ヴェネツィア大学に留学。東京外国語大学大学院博士前期課程修了。イタリア文学専攻。現在、慶應義塾大学、法政大学、武蔵野音楽大学、武蔵大学などで講師を務める。

著書に『イタリア語検定3級突破単語集』（三修社〈共著〉）、『イタリア語検定4・5級突破単語集』（三修社〈共著〉）、『場面で学ぶイタリア語発音マスター』（三修社〈共著〉）、『イタリア語動詞活用ドリル』（三修社）など。

ロッサーナ・アンドリウッツイ（Rossana Andriuzzi）

バジリカータ州出身。フィレンツェ大学卒業後、シエナ大学にて、イタリア語を教えるための専門資格DITALSを取得。美術史の教員免許も持つ。その後、フィレンツェの語学学校で実績を積み、2004年に来日。イタリア文化会館をはじめ、都内の語学学校で講師として活躍中。語学講座はもちろん、美術・工芸・ファッションなど、専門知識を活かした文化講座も人気。イタリア語の学習サイトwww.studiamo.comを主宰するなど、語学教育に意欲的な活動を行っている。

中級へのイタリア語文法 ［第 2 版］

2020 年 5 月 30 日　第 1 刷発行

著　者 —— 京藤好男
　　　　　ロッサーナ・アンドリウッツィ
発行者 —— 前田俊秀
発行所 —— 株式会社 三修社
　　　　　〒 150-0001　東京都渋谷区神宮前 2-2-22
　　　　　TEL 03-3405-4511
　　　　　FAX 03-3405-4522
　　　　　振替 00190-9-72758
　　　　　https://www.sanshusha.co.jp/
　　　　　編集担当　菊池 暁
印刷・製本 —— 萩原印刷株式会社

Ⓒ Yoshio Kyoto, Rossana Andriuzzi 2020 Printed in Japan
ISBN978-4-384-05978-6 C1087

カバーデザイン —— 中島 浩
本文 DTP　　 —— 株式会社 欧友社

GRAMMATICA DELLA LINGUA ITALIANA
Venti lezioni di livello intermedio

中級へのイタリア語文法

京藤好男／ロッサーナ・アンドリウッツィ　著

第2版

Esercizi 別冊解答集

SANSHUSHA

Esercizi 解答集

I

1.
1) c) (io)
2) f) (tu)
3) a) (Lei)
4) h) (Marco)
5) e) (Lucia)
6) i) (io e Susanna)
7) d) (tu e Martina)
8) b) (Marco e Andrea)
9) g) (Angela e Lucia)

2.
1) La studia.
2) Li corregge.
3) La conosce bene.
4) Lo prepara.
5) Le compro per i bambini.
6) A pranzo li mangio spesso.
7) Lo prepariamo insieme?
8) Li fotografa.
9) Le sai fare?
10) Ogni giorno lo bevo.

3.
1) Mi chiama Paola.
2) Sì, ti sento bene.
3) Li sveglio alle 7 (sette).
4) Ci accompagna mio cugino.
5) Vi passo a prendere verso le 8:30 (otto e trenta).
　《解説》Passo a prendervi verso le 8:30. と、代名詞を不定詞に結合させても可。
6) Mi porta alla stazione centrale.
7) Vi vengo a prendere dopo cena.
　《解説》Vengo a prendervi dopo cena. と、代名詞を不定詞に結合させても可。
8) Ci vediamo davanti al Duomo.
9) Mi può rivedere a scuola.
　《解説》Può rivedermi a scuola. と、代

名詞を不定詞に結合させても可。
10) Sì, La aiuto volentieri!

4.
1) Ti telefono domani sera, va bene?
2) Mia madre le fa sempre bei regali.
3) Il mio ragazzo mi chiama ogni sera.
　《解説》me は強勢形。「私を」を強調する形で、動詞の後ろに置かれる。
4) Avvocato, Le ricordo che ha un appuntamento adesso.
　《解説》Le ricordo...は、直訳的には「…をあなたに思い出させる」という意味。
5) Passo a prendervi alle 4, va bene?
　《解説》Vi passo a prendere... と、代名詞を動詞の前に出す形でも可。
6) Sandra gli vuole molto bene.
　《解説》volere bene a +〈人〉=「〈人〉が好きだ。〈人〉を愛している」という成句。
7) Maria lo ama tantissimo!
8) Mi presti la tua macchina stasera?
9) Ci presenti la tua amica?
10) La ringrazio e Le telefono presto!
　《解説》ringraziare「感謝する」は他動詞。日本語訳すると「〈人〉に感謝する」となり、間接目的語的に解釈しがちですが、直接目的語であることに注意。

5.
1) Le
2) mi, le
3) ci (mi でも可)
4) vi
5) Le
　《解説》dispiacere「いやだ、気に入らない」は〈人〉を間接目的語にとる。Le dispiace ripetere? =「あなたは、もう一度言うのはお嫌ですか」が直訳で、丁寧な依頼を表現する。
6) gli

《解説》vedere は「誰々に会う」と表現するとき、直接目的語をとる。ここでの le は直接目的語代名詞であり、「彼女たちに（会う）」を表す。一方、spiegare「説明する」は「誰々に」を示すとき間接目的語をとる。その代名詞（非強勢形）は、三人称複数形の場合、男女ともに gli となる。

7) ti
8) gli

《解説》credere の用法に注意。credere a +〈人〉=「〈人〉を信じる」

9) le
10) vi

6.

1) le, la
2) gli
3) lo, mi
4) Le, Gli
5) mi, lo
6) lo, mi
7) mi, lo
8) vi
9) ci
10) ti, le

7.

1) Te lo
2) gliela
3) gliela
4) ve lo, ve lo
5) Me le
6) ce la
7) Me la
8) ve lo
9) te lo
10) gliele

8.

1) Posso accompagnarti
2) dobbiamo prenotarli
3) posso prestarvelo
4) posso chiamarLa

5) Voglio ascoltarlo
6) posso cucinargliele
7) Posso offrirglielo
8) posso prestartelo
9) Devo portarla
10) Puoi telefonarmi

9.

1) le (farle となる)
2) mi
3) ti
4) le (preprararle となる)
5) le
6) la
7) mi
8) la (decorarla となる)
9) li
10) mi
11) ti
12) la
13) lo (comprarlo となる)
14) Te lo
15) te lo
16) gliele
17) Ti
18) ti
19) li (dosarli となる)

《訳》

マリーア：明日は私の娘の誕生日、すてきなケーキを作ってあげたいの。手伝ってくれない？

リーザ：もちろん、よろこんでお手伝いするわ。どんなケーキを作ってあげるのか、もうわかっているの？

マリーア：そうねえ、シモーナはイチゴのケーキがお望みなの、だって、彼女はイチゴが大好きだから！　それに、チョコが載っているのや、カラフルな飾りがついたのもいいわ。

リーザ：シモーナは小さいのに、はっきりしているのね！　だったら、生クリームとチョコのケーキがいいと思うわ。それに、飾りつけにイチゴも使えるわよ。

マリーア：いいわね！　じゃあ、材料から

始めましょう。全部あるか見て。

リーザ：ううん、チョコが十分ではない気がするわ。それに生クリームが足りない。

マリーア：生クリームのことは心配しないで。上の冷蔵庫に見つかるわ。でも、チョコレートはどうしても買いに行かなくてはいけないわね。

リーザ：だめ、待って！　私が買いに行って、すぐに持ってくるわ！　それに、シモーナに色つきのキャンドルも買ってあげるわ。そうすれば、イチゴと一緒にそれもケーキに載せてあげられるでしょ。ほかに必要なものは？

マリーア：ないわ、ありがとう。では、あなたを待っている間に、ほかの材料を用意して、下ごしらえを始めてるわね。

彼に電話するから待って。

ダニエーレ：ありがとう！

ピエートロ：兄が言うには、君にそれを貸していいけれど、来週には（彼にそれを）返さなければならない。彼に必要だから、いいね？

ダニエーレ：うん、いいよ。月曜日に（彼にそれを）返しに行くよ。ありがとう、君のお兄さんにもお礼を。

ピエートロ：もちろん。だけどその後で、彼にも写真を見せてよ。彼は写真を撮るのがすごく好きだからね！

10.

1) ti
2) ○
3) mi
4) li
5) te la
6) ○
7) gli
8) tela
9) ○
10) gli
11) gliela
12) ○

《訳》

ダニエーレ：ピエートロ、1つ君にお願いをしなければならないんだ。

ピエートロ：できることなら、よろこんで聞くよ。

ダニエーレ：僕にカメラを貸してくれないかな？　僕のはうまく撮れないんだよ。日曜日にアントネッラとマテーラにサッシ（洞窟の住居）を見に行くんだけど、それらを撮影したいと思ってるんだ。

ピエートロ：もちろん、よろこんで（君にそれを）貸してあげるよ。だけど、それは僕のじゃなくて、兄のなんだ。だから、まずは彼に頼まなければならない。

CAPITOLO
2

1.

1) Ne ho tre.
2) Ne conosco pochi.
   《解説》pochi（基本形＜ poco）は否定的な意味合い。この場合「ほとんど知らない」となる。
3) Ne bevo parecchi.
   《解説》parecchi（基本形＜ parecchio）は分量が多い様子。この場合「かなり飲む」となる。
4) Ne voglio 2 kg (chilogrammi).
5) Sì, lo mangio tutto.
6) Ne faccio molte.
7) No, non ne ho nessuno.
8) Ne vogliamo una bottiglia.
9) Sì, ne voglio un bicchierino.
10) Ne ha 64 (sessantaquattro).

2.

1) ○（遅くなったよ。君たち、行かない？）
2) ○（あなたの言っていることは確かなの？　私は何も知らないわ。）
3) ×（「宿題はやったの？」「うん、やったよ」）
   《解説》ne を用いるならば「部分」や「数量」を表す語句が必要。「宿題を全部やった」と答えるならば、Sì, li ho fatti tutti. と直接目的語代名詞を用いる。
4) ○（パスタがまだいくらかあるわよ。あなた、いかが？）
5) ○（君に本を返さなくてはいけないのに、忘れてしまったよ、ごめん。）
6) ×（おいしいパスタだね。全部食べるよ。）
   《解説》「少し」「半分」など一部ではなく「全部食べる」ならば La mangio tutta. と直接目的語代名詞を用いる。
7) ○（あの本、読んだ？　どう思う？）
8) ×（「バスに乗るの？」「うん、乗るよ」）
   《解説》バスに対して「それに乗る」という場合には、「部分」や「数量」などは関係ないので、Sì, lo prendo. と直接

目的語代名詞を用いる。

9) ○（私はバナナが嫌いです、まったく食べません。）
10) ○（もうたくさん！　僕は家に帰るよ！）
   《解説》tornarsene「帰る」の用法。自動詞に再帰代名詞がついた形をしており、「代名動詞」とも言われるが、このとき ne が常に慣用的に伴われる。ほかに andarsene「立ち去る」、starsene「居座る」などがある。

3.

1) b)
2) a)
3) b)
4) b)
5) a)
6) b)

4.

1) Ci andiamo
2) Ci torno
3) ci vanno
4) Ci sono
5) ci abita
6) Ci vado
7) ci vado
8) ci sono
9) Ci torniamo
10) Ci posso andare

5.

1) non ci credo（「君は僕が言うことを信じるかい？」「いいや、信じないよ」）
   《解説》credere a ～＝「～を信じる」の用法。a 以下を ci に置き換える。
2) ci puoi contare（「君の友情を当てにしていいかい？」「もちろんさ。いつも当てにしていいよ」）
   《解説》contare su ～＝「～を当てにする、信頼する」の用法。su 以下を ci に置き換える。
3) non ci riesco（「家に入ることはでき

た？」「いいや、できないよ。鍵が開かないんだ」)

《解説》riuscire a +〈不定詞〉=「〜がうまくできる、〜に成功する」の用法。a 以下を ci に置き換える。

4) Ci penso (「誰がパスタを見てくれる？」「私にまかせて」)

《解説》pensarci の用法。常に ci を伴って「(そのことについて) 配慮する」を意味する。

5) ci tengo (「あなたはルーカのこと大事に思っているの？」「ええ、とても大切に思っているわ」)

《解説》tenere a 〜 =「〜を大切にする、〜に愛着を持つ」の用法。a 以下を ci で受ける。

6) ci vedo (「この件で、君はすっきりしているかい？」「いいえ、私はまったくすっきりしません」)

《解説》vederci chiaro =「(状況を) 把握する、的確にとらえる」という成句。

7) Ci metto (「君は通学に、どれぐらいかけているの？」「1 時間半かけているよ」)

《解説》metterci =「時間をかける」の用法。〈人〉が主語になる。

8) ci sto (「では今から休憩にしましょう。君はいいかな？」「はい、賛成です」)

《解説》starci =「賛成する、同意する」の用法。

9) ci riesce (「その女の子はもう歩ける？」「いいえ、まだ歩けないの」)

10) ci capisco (「ビデオカメラの説明書はわかる？」「いいや、まったくわからないよ」)

《解説》capirci =「(そのことについて) わかる」の用法。

6.

1) ci vogliono
2) ci vuole
3) ci vuole
4) ci vuole
5) ci vuole
6) ci vuole

7) ci vuole

《解説》volerci は「時間、お金」の表現を伴うと「〜がかかる」、「物事」などを伴うと「〜が必要だ」を表す。しばしば、per +〈不定詞〉とともに「〜するのに (どれだけ) かかる、必要だ」といった文を作る。

7.

1) ci tengo (僕の CD には気をつけてね、大事にしているんだから！)
2) ci mettete (君たち、支度をするのにいったいどれだけ時間をかけるんだい？)
3) ci vogliono (日本へ行くのには、長時間の旅が必要です。)
4) ci credo (また同じ間違いなんて、信じられない！)
5) ci tiene (アンナは歌手になりたいのです、上手に歌いたくてしかたありません。)
6) contarci (アンドレーアに、君はいつも頼りにできるよ。)
7) ci sto (私はあなたの提案を受け入れません、まったく賛成できないのです。)
8) ci vuole (愛していれば、まったく何も必要ないのです。)
9) ci riusciamo (私たちはタンゴが踊れません、まったくできないのです！)

8.

1) ne
2) ne
3) ci
4) ne
5) ci
6) c', ci
7) ne
8) ci
9) ne

9.

設問 [1]

1) di vini
2) di azienda

3) dell'Aglianico
4) in Campania, Molise e Puglia
5) nella zona del Vulture
6) dell'Aglianico del Vulture
7) del successo al Vinitaly 2010
8) alla qualità
9) nella qualità
10) di abbinarli all'Aglianico
設問［2］
1) V　　2) F　　3) F　　4) V
5) V　　6) V　　7) F　　8) V
9) V　　10) F

《訳》インタビュー

記者：ロッコさん、ワインについて話した
　　いと思うのですが、あなたはそれに精通
　　された一人でいらっしゃいますね？

ロッコ氏：もちろん、私は詳しいですよ。
　　ワインが好きで、それを飲みますし、生
　　産してもいます…。

記者：存じ上げております。ですから、ま
　　さにそんなあなたとワインについてお話
　　しできればと思っているのです。あなた
　　はワインの製造会社を経営しています
　　ね？

ロッコ氏：ええ、1社経営しています。と
　　ても小さいですがね…。

記者：あなたの会社はあまり知られていな
　　いワインを製造しています…「ラッリャ
　　ーニコ」＊という…それについて、お話
　　いただけますか？（＊日本式には「アリ
　　アニコ」と言われる葡萄の品種）

ロッコ氏：もちろんですよ。まず最初に言
　　っておかねばならないのは、イタリア南
　　部、とりわけ、カンパニア、モリーゼ、
　　プッリアの3州には、ラッリャーニコを
　　作るワイン製造会社は数多くあるという
　　ことです。しかし、私の会社はバジリカ
　　ータ州で、「アッリャーニコ・デル・ヴ
　　ルトゥーレ」＊、つまり独特のアッリャ
　　ーニコを生産しています。（＊「ヴルトゥ
　　ーレ地区のアリアニコ」という意味。
　　「ヴルトゥーレ」はバジリカータ州北東
　　部の地域。「アッリャーニコ」は先の「ラ
　　ッリャーニコ」の無冠詞の形で、いずれ

も同じ品種を指す）

記者：それはどうしてですか？

ロッコ氏：なぜなら、ポテンツァに近いヴ
　　ルトゥーレ地区は火山地帯で、とりわけ
　　この品種の栽培に適しています…。実
　　際、そこで私たちはずっと以前から極上
　　のワインを作っています。

記者：事実、「ラッリャーニコ・デル・ヴ
　　ルトゥーレ」は、イタリア最高の赤ワイ
　　ンに数えられたD.O.C.ワインの1つで
　　すね。専門家たちはそれについて、ます
　　ます好意的な評価を与えています。そし
　　て、2010年の「ヴィニタリー」（イタリ
　　ア最大級のワイン見本市）では11部門
　　のノミネートと金メダル1個を獲得し
　　て、素晴らしい成功を収めました…。そ
　　のことについては、どうお考えですか？

ロッコ氏：高品質の生産には、正しい認識
　　が必要です…。そして、私たちは品質を
　　とても大切にしています。なぜなら、そ
　　こに我々の仕事のすべてを賭けているか
　　らです。

記者：最後の質問ですが、どのような食品
　　をラッリャーニコ・デル・ヴルトゥーレ
　　に合わせるとよいか、お勧めいただけま
　　すか？

ロッコ氏：そうですね、ロースト肉です
　　ね。赤身でも白身でもジビエでも。あと
　　は、熟成したチーズとなら、本当によく
　　合うと言えましょう。

1.

1) andato
2) amato
3) sentito
4) venduto
5) ricordato
6) dormito
7) parlato
8) partito
9) telefonato
10) uscito
11) ricevuto
12) studiato

2.

1) f) (bevuto)
2) e) (detto)
3) a) (aperto)
4) h) (venuto)
5) i) (chiuso)
6) d) (chiesto)
7) l) (scritto)
8) c) (letto)
9) g) (nato)
10) b) (morto)

3.

1) fare, camminare, prendere, bere, chiedere
2) andare, tornare, uscire, venire, partire

4.

1) è partit<u>a</u>
2) siamo andat<u>e</u> (andat<u>i</u> でも可)
3) sei tornat<u>a</u>
4) Hai mangiat<u>o</u>
5) hanno bevut<u>o</u>
6) ho dormit<u>o</u>
7) sono uscit<u>e</u>
8) Avete pres<u>o</u>
9) ha chius<u>o</u>
10) abbiamo lavorat<u>o</u>

5.

1) Carlo, ti sei fatto la doccia?
2) Ragazzi, vi siete divertiti alla partita?
3) Ho scritto a mia zia ogni settimana.
4) Ho parlato spesso con loro, sono simpatici!
5) Per la festa di Andrea, ci siamo vestiti tutti di rosso.
6) Quando siete partiti (partite でも可) per il Giappone?
7) I miei amici si sono già preparati a partire per le vacanze.
8) Ho letto sempre romanzi d'amore.
9) Mi sono divertito (divertita でも可) tanto con Gabriella.
10) La lezione è finita alle 12 e mezzo.

6.

1) sei stata (stato でも可), Ho mangiato
2) è piaciuta (都市名は女性形扱い。La città di S.Gimignano と理解します), Abbiamo fatto
3) sono arrivati (arrivate でも可)
4) hanno passato, Hanno dormito
5) Ti sono piaciute
6) vi è sembrato

7.

1) Carlo è partito ieri.
2) Giulia è arrivata stamattina.
3) Hanno preso il taxi.
4) Si sono alzate alle sette.
5) Abbiamo spento la luce e siamo andate a letto.
6) Quando vi siete conosciuti (conosciute でも可)?
7) Ho salutato il professor Rossi.
8) La lezione è già finita.
9) La loro bambina è nata a dicembre.
10) A Maria è piaciuto questo ristorante.

8.

1) A settembre ha trascorso una settimana in campagna.（9 月に彼女は 1 週間、田舎で過ごしました。）

2) Il mese scorso ha cominciato un nuovo lavoro.（先月、彼女は新しい仕事を始めました。）

3) Due settimane fa ha incontrato Giacomo.（2 週間前、彼女はジャコモに出会いました。）

4) Lo scorso fine settimana è andata a cena fuori con Giacomo.（先週末、彼女はジャコモと夕食に出かけました。）

5) L'altro ieri è uscita con le amiche.（一昨日、彼女は女の友人たちと外出しました。）

6) Ha preso un appuntamento dal dentista per martedì.（彼女は火曜日に、歯医者の予約を入れました。）

7) Ieri sera è andata da sua madre.（昨晩、彼女は母親のところへ行きました。）

8) Stamattina ha lavorato in ufficio.（今朝、彼女はオフィスで仕事をしました。）

9) Oggi pomeriggio ha rivisto e parlato con Giacomo.（今日の午後、彼女はまたジャコモに会って、話をしました。）

10) Stanotte ha fatto le ore piccole.（昨夜、彼女は夜更かしをしました。）

9.

1) è stata
2) Mi sono svegliata
3) ho bevuto
4) mi sono sporcata
5) mi sono messa
6) ho fatto
7) Ho aspettato
8) è arrivato
9) sono salita
10) ho chiesto
11) ho lavorato
12) sono passata
13) ho cenato
14) abbiamo litigato
15) sono tornata
16) mi sono rilassata

《訳》

　昨日はひどい日だったわ！　私は起きるのが遅くなって、急いでコーヒーを飲んだの。そうしたらシャツを汚してしまった。それで、ほかのシャツに着替えたら、余計に遅れてしまったの。30 分バスを待って、それが到着したときには、私は人混みの中を乗り込むことになってしまったわ。オフィスで私は部長に遅刻を詫びて、6 時までしっかり働いたわ。その後、私は母のところに立ち寄り、彼女と一緒に夕食をとったのだけど、いつものように口論になってしまったわ。だから夕食の後はすぐに私は家に帰って、テレビですごくおもしろい映画を観ながら、ようやくリラックスしたのよ。

10.

設問 ［1］

1) è nata
2) ha trascorso
3) sono diventate
4) è tornata
5) ha partecipato
6) ha vinto
7) Ha cominciato
8) ha incontrato
9) ha fatto
10) ha cominciato
11) ha vinto

設問 ［2］

a) F（ソフィアは裕福な家庭で育った。）

b) V（ソフィアは 1950 年以降に女優になるチャンスをつかんだ。）

c) V（カルロ・ポンティはプロデューサーであるだけでなく、彼女の夫でもある。）

d) F（ソフィアは本当に美しいけれども、演技はそれほど上手ではない。）

e) V（映画『ふたりの女』が彼女にアカデミー賞（オスカー）をもたらした。）

《訳》

ソフィア・ヴィッラーニ・シコローネ、

芸名ソフィア・ローレンは、1934年9月20日ローマに生まれます。父親に捨てられたため、母と妹のマリーアとともに幼少期をポッツォーリで過ごしますが、経済的には貧窮し、戦時中にはさらに困難を極めます。15歳で彼女は母親と一緒に成功を求めてローマに戻り、さまざまな美少女コンクールに参加しますが、その中の1950年のミス・イタリアにおいて、〝ミス・エレガンツァ（優雅）〟の称号を獲得します。

それから映画界で仕事を始めますが、その美貌もさることながら、とりわけ誰もが認める演技力によってのし上がると、1951年に大きなチャンスが訪れます。このとき彼女はプロデューサーのカルロ・ポンティと出会います。彼は『ナポリの響宴』や『ナポリの黄金』などの大ヒット作に彼女を出演させます。

ポンティはソフィアの夫にもなります。彼女は2度も結婚をしていますが、それは1957年の一度目の結婚は有効とは見なされないからなのです。というのは、イタリアでは離婚はまだ合法ではなかったのです。しかし、1966年のフランスでの結婚は有効です。

1956年から、ローレンはハリウッドのヒット作にも出演し始めます。そして、1962年に映画『ふたりの女』でアカデミー賞主演女優賞を獲得します。ローレンによる出演作は数多くありますが、その多くが彼女の長いキャリアの中で獲得した受賞作や人気作でもあるのです。

今日、ソフィア・ローレンは映画史で最も有名な女優の一人と見なされています。

CAPITOLO
4

1.

1) L', sentita
2) l', capita
3) L', incontrato
4) Le, controllate
5) Li, spenti
6) L', fatta
7) l', bevuto
8) L', aperta
9) L', letto
10) li, invitati

2.

1) Li abbiamo visti
2) li ho presi
3) L'ha preparata
4) L'ho pagato
5) l'ha letto
6) li abbiamo salutati
7) L'ho fissato
8) l'ho controllato
9) L'ho parcheggiata
10) Li ha dipinti

3.

1) ho girato
2) Ci sono andato
3) ci sono rimasto
4) Ci sono andato
5) sono stato
6) ho visto
7) ho camminato
8) sono solo passato
9) ci sono andato

《訳》

昨日僕はフィレンツェへ行き、町の中心地をすべて回りました。朝の10時頃、一人で行き、夜の7時までいました。電車で行ったのですが、快適でした。僕はドゥオーモ、ウフィッツィ美術館、ヴェッキオ宮殿を見て、とてもたくさん歩きました。しかし、サンタ・クローチェ（教会と広場

のある界隈）は通り過ぎただけでしたし、
またミケランジェロ広場には行きませんで
した。でも、早いうちにまたフィレンツェ
に戻りたいと思います。

4.
1) Ci, rimast<u>i</u>
2) Ne, mangiat<u>a</u>
3) ne, fumat<u>a</u>
4) Ci, tornat<u>o</u>
5) ne, scritt<u>e</u>
6) Ci, andat<u>e</u>
7) ci, stat<u>a</u>
8) ne, comprat<u>i</u>
9) Ci, rimast<u>i</u>
10) Ne, fatt<u>o</u>

5.
1) Mi è piaciuta tanto la vostra villa.
2) Mario ci ha offerto spesso da bere.
3) Lucia mi è sembrata un po' insicura.
4) Mi ha detto sempre bugie!
5) Quel bimbo ci ha sorriso.
6) Marco mi ha risposto sempre male.
7) Ti è piaciuta la musica classica?
8) Quei libri non mi sono piaciuti affat-to.
9) Gli ho scritto e gli ho detto di venire a trovarmi.
10) Le ho parlato sempre bene di lui.

6.
1) le ho regalato
2) le ho spiegato
3) le ho fatto, le ho offerto
4) ci ha detto
5) ne sono, dimenticato
6) ci ho dormito
7) ne ho prese
8) Ne hai saputo
9) Ci sono andata

7.
1) Gliela facciamo vedere. / Gliel'abbiamo fatta vedere.
2) Gliela vende. / Gliel'ha venduta.
3) Glieli mando. / Glieli ho mandati.
4) Me li presta spesso. / Me li ha pre-stati spesso.
5) Gliela date? / Gliel'avete data?
6) Gliele ordiniamo. / Gliele abbiamo ordinate.
7) Lo paga alla cassa. / L'ha pagato alla cassa.
8) Ce la insegna. / Ce l'ha insegnata.
9) Ce le danno. / Ce le hanno date.
10) Me lo dice. / Me l'ha detto.

8.
1) Gliel'ho mandato
2) me l'hai, presentato
3) Mi è sembrata
4) Sì, gli piace
5) le ho telefonato
6) gliel'abbiamo chiesta
7) glieli ho regalati io
8) me l'hanno consegnato
9) mi è piaciuto
10) gliel'ho spedito

9.
1) 私はピエートロに会いました、そして彼に、私たちに会いに来るように言いました。
2) 私は、エリカがとても疲れているので、彼女に休むよう勧めました。
3) 今日はサヴェリーノの誕生日なので、私は彼に特別な夕食を用意しました。
4) 私はダリの展覧会へ行ったのですが、そこへは私の息子も連れて行きました。
5) このワインはすごくおいしいので、私たちはすでにそのうちの1本を空けてしまいました。
6) サーラは頑固だ！ そんなことしないように何度も言ったのに。
7) ティーナはいつも遅刻します。しばらく彼女を待ちましたが、私は帰りました。
8) 私はあの店で妻を見かけたように思いま

す。

10.
1) si
2) mi
3) mi
4) mi
5) gli
6) me l'
7) mi
8) glieli
9) l'
10) ti
11) mi
12) la

《訳》指輪詐欺

A: さて、何があったのですか？

B: 本当に信じられないことです。今朝、私は中心街へ買い物に行ったのですが、ふと、私に向かって来る男を見たのです。突然、彼はかがみ込み、地面に落ちていた金の指輪を拾いました。

A: 金の指輪を？

B: まあ、そのときは、私にはまさしく金に思われました。すると、その男は近づいてきて、私に言うのです。「あなたのですか、奥さん？」

A: それで、あなたは彼に何とお答えに？

B: もちろん、いいえ、と。すると、彼はそれを私にくれたのですが、代わりに50ユーロくれるよう要求したのです…。それで、私は彼に与えてしまいました…。

A: それで？

B: それから、私はすぐにその指輪を宝石店へ持っていき、値踏みをしてもらいました。

A: 何と言われましたか？

B: 50セントの価値もないと。それに、その男は、ほかにたくさんの人たちにも起きたように、私からもお金を盗んでおり、その事件は「指輪詐欺」と呼ばれていると。

1.
1) Faccio preparare un caffè a Mario.
2) Faccio studiare musica a Mario.
3) Faccio mangiare la pasta a Mario.
4) Faccio guardare un film a Mario.
5) Faccio scrivere una lettera a Mario.
6) Faccio fare i compiti a Mario.

2.
1) Faccio venire Mario in ufficio.
2) Faccio entrare Mario nello studio.
3) Faccio lavorare Mario come commesso.
4) Faccio rimanere Mario a casa.
5) Faccio telefonare Mario con il mio cellulare.
6) Faccio passare Mario dalla porta principale.

3.
1) Mamma, me la lasci mettere?（ママ、私に（ママの）ネックレスを着けさせてくれる？）
2) Il direttore non ce lo fa mai usare. （部長は一度も私たちにパソコンを使わせてくれません。）
3) Gliele faccio prendere. （私は子供に薬を飲ませます。）
4) Il maestro oggi li ha lasciati uscire prima.（先生は今日、生徒たちを先に退室させました。）
5) Il presidente l'ha fatto chiamare nel suo ufficio.（社長は自分のオフィスに、その社員を呼び出させました。）
6) Maria ve l'ha fatta vedere? （マリーアはあなたたちに彼女の婚約者の写真を見せましたか？）
7) La mamma gliel'ha fatta riordinare. （母親は娘に寝室を整頓させました。）
8) Luisa gliel'ha lasciata decidere. （ルイーザは息子たちに、次のバカンスの目的地を決めさせました。）

4.

1) il dottore（医者）
2) il portiere dell'albergo（ホテルのフロント係）
3) la mamma（母親）
4) il negoziante（商店主）
5) il parrucchiere（美容師、理髪師）
6) il manager（経営者、マネージャー）
7) il fidanzato（婚約者）

5.

1) la（買った品物が重いので、私は夫に家まで運ばせます。）
2) l'（中心街で行列があり、警官たちはそれを通させました。）
3) lo（lasciarlo となる）（犬が遊びたがっていますよ、庭へ行かせてあげられないの？）
4) la（lasciarla となる）（赤ちゃんはまだ眠いのですが、彼女を寝かせ過ぎるわけにはいかないのです。）
5) lo（lascialo となる）（今日パパは機嫌が悪いので、そっとしておきなさい。）
6) glielo（faglielo となる）（マリーアはトイレがどこか知らないので、君が彼女にそれを教えてあげなさい。）

6.

1) 父は、特に冬には、私に夜の外出を許さない。
2) 放っておこう、どうせ君にはわかりっこないさ。
   《解説》capiresti は capire「わかる」の条件法現在二人称単数形。仮説的に「言ったとしても」などといった含みを持ち「わからないだろう」を意味する。
3) ジュリアは男の子にちやほやしてもらうのが好きです。
4) 彼は疲れに身を任せたまま、外出しなかった。
5) 試験の前に、先生は私たちに復習をさせた。
6) 生徒たちは明らかに簡単な練習問題にだまされてしまった。

7) いつものように私は、マリオの言うがままにされてしまった。
   《解説》lasciarsi covincere「説き伏せられる」「言うがままにされる」といった意味。
8) 彼女の傲慢な態度に気後れしてはいけないよ。
   《解説》impressionare は「（精神的に）ショックを与える」という意味。farsi impressionare で「ショックを受ける」「気後れする」となる。
9) 感情のおもむくままでいなさい、そうすれば間違えないだろう。
10) 彼の約束の口車に乗ってはいけないよ。

7.

1) gli
2) gli
3) lo
4) Glielo
5) Gliela
6) Gliela
7) mi

《訳》

サラ：リヴィア、あなたの子はふだん何を食べるの？

リヴィア：そうね、まだとても小さいから、昼食だけ食べるの。特に彼にはミルクを飲ませているわ。幸い、たくさん飲むのよ！

サラ：じゃあ、昼食には、何を食べるの？

リヴィア：昼食には、スープをベースにしたおかゆや小粒のパスタ、すりつぶしたお肉かお魚、それにすりつぶした野菜を食べさせているわ。

サラ：おいしそうね。彼は気に入っているのかしら？

リヴィア：ええ、とても。すべてエキストラ・バージン・オリーブ・オイルとパルメザン・チーズで味つけしてもいるから。それに、一人で食べさせているの。彼はごちゃごちゃに混ぜるのが好きなのよ。

サラ：じゃあ、卵は？　もう食べさせてい

るの？

リヴィア：ええ、でも黄身だけよ。なぜなら、卵白はアレルギーを引き起こすから、もう少し待った方がいいわ。

サラ：では、おやつには何をあげるの？

リヴィア：ふだんはすりつぶした果物ね、でも時々それをヨーグルトに混ぜさせてあげるわ。そして、ビスケットで食べさせるのよ。

サラ：…あなたは、私に食欲を起こさせるわ。それに赤ちゃんが欲しくなる！

CAPITOLO 6

1.
1) sapevi, sapeva, sapevamo, sapevate
2) capivo, capiva, capivamo, capivano
3) ero, eri, eravate, erano
4) facevo, facevi, facevamo, facevate, facevano
5) avevo, aveva, avevamo, avevano
6) bevevi, beveva, bevevamo, bevevate

2.
1) Abitavo
2) mi alzavo
3) Era
4) lavoravo, mi rilassavo
5) avevo
6) uscivo e incontravo qualcuno
7) viaggiavo, Stavo
8) Mi piaceva

3.
1) parlava, giocava
2) facevamo
3) era, splendeva, faceva
4) preparava, chiacchierava
5) lavavo, sparecchiava
6) era, aveva, era
7) passeggiavo, giocava col cane
8) correvamo, ascoltavamo
9) guardavamo, mangiavate
10) ero, era

4.
1) è tornata, parlavo
2) è andato, stava
3) Abbiamo telefonato, volevamo
4) andavo, ho incontrato
5) ero, visitavo
6) ha preparato, è partita
7) Ho bevuto, avevo
8) Siamo arrivati, erano
9) sono uscita, faceva
10) sono arrivato, ho acceso

5.

1) siamo stati
2) Ci siamo fermati
3) ci alzavamo
4) facevamo
5) andavamo
6) facevamo
7) abbiamo visitato
8) eravamo
9) siamo usciti
10) facevamo
11) erano
12) ci siamo divertiti

《訳》

親愛なるシモーナ、

　元気かしら？　しばらく連絡を取っていなかったわね、だって、私とロベルトはちょうどプッリア（南イタリアの州）での一週間の休暇から戻ったばかりですもの。向こうでは、私たちは元気だったわ。海辺のホテルに滞在したのよ。毎朝遅くに起きて、すてきな朝食をいただいたり、その後砂浜へ行って、海水浴をしたり、ボートで一回りしたりしていたの。午後はいつも近郊を散策していて、アルベロベッロも訪れたわ、本当にすてきな所よ。でも、夜は私たちは疲れていることが多くて、あまり出かけなかったわ。たいていは海沿いを散歩していたのだけれど、お店や出かける場所はたくさんあったわよ。とにかく、私たちはとても楽しんだの、だから、都会のいつもの生活に戻って、ちょっと残念だわ。

6.

1) Mio padre tornava spesso a casa tardi.
2) Maria preparava sempre ottimi pranzi.
3) Andavamo spesso al cinema a vedere un film americano.
4) Quel libro non mi piaceva e non l'ho finito.
5) Il giornale mi arrivava tutte le mattine.

6) Ieri sono andato (andata) a mangiare una pizza.
7) Tutti gli anni andavo in montagna a sciare.
8) L'Opera mi piaceva molto e andavo sempre a vederla.
9) Marco si alzava sempre presto per andare a lavoro.
10) Stamattina sei arrivato (arrivata) in ritardo?

7.

1) Ho aperto, ho visto
2) andavo
3) Ho parlato
4) siamo arrivati, abbiamo scelto
5) ha preparato
6) aspettavo, ho visto
7) ho regalato
8) c'erano
9) piaceva, ero
10) siete usciti, pioveva

8.

1) era, Amava, ha raccontato
   （フォスコ・マライーニ：彼は1912年にフィレンツェで生まれました。マライーニは有名な作家であり、民俗学者、東洋学者でした。彼は東洋をとても愛していました、特に彼が多くの本で語った日本を（愛していました）。）

2) si chiamava, era, conoscevano
   （トト：本名はアントーニオ・デ・クルティスといいました。彼は大変有名なナポリ生まれの喜劇俳優であり、詩人でもありました。イタリアでは、彼はイタリア演劇界、映画界の最も偉大な役者の一人と見なされています。誰もが彼を「爆笑王」と知っていました。）

3) era, è stato, si è impegnato
   （ルチャーノ・パヴァロッティ：彼は有名なイタリア人テノール歌手でした、そして、世界で最も評価されたイタリア人アーティストの一人だったのです。彼の

絶大な人気は、その優れた才能と輝かしい実績によるだけではなく、社会問題に尽力したという事実にもよるのです。）

4) è stato, era, ha ricevuto, hanno dedicato
（イタロ・カルヴィーノ：彼はおそらく、1900年代で最も重要なイタリア人小説家でした。実際に彼は、政治的、社会的、文化的な責務を担った知識人であり、多くの文学的傑作の著者でもありました。そのために彼はレジオンドヌール勲章を受賞し、また彼には小惑星22370イタロ・カルヴィーノと水星のクレーターの1つが捧げられたのです。）

1.

1) avevamo
2) avevo
3) aveva
4) era
5) era
6) avevo
7) aveva
8) eri
9) avevo
10) avevano

2.

1) Ho lavato i bicchieri che avevamo usato per bere il vino.
2) Ho risposto alle email che avevo ricevuto dagli amici.
3) Abbiamo bevuto lo spumante che ci avevi regalato.
4) Ho guardato le foto che avevo fatto durante il viaggio.
5) Ho cucinato le verdure che avevo comprato al mercato.
6) Sandra si è messa la collana che le aveva regalato sua madre.
7) Sono uscito (uscita) con gli amici che avevo conosciuto in vacanza.
8) Ho scritto le ricette che mi aveva dato Adriana.

3.

1) era già partito
2) ci siamo incontrati
3) avevamo dormito
4) era tornato
5) avevi, vista
6) eravamo, stati (state)
7) aveva telefonato
8) Era rimasta
9) avevo capito
10) avevo smesso

4.

1) è arrivato, aveva perso
2) non sono venuto (venuta でも可)、aveva fatto
3) mi ero vestita, sono uscita
4) avevo, visto
5) ero, stato
6) ha mangiato, aveva fatto
7) stavo, ho preso
8) è arrivato, aveva perso
9) aveva finito, si è acceso
10) Ero uscito, è arrivato

5.

1) ha avuto → aveva avuto
2) aveva già uscita → era già uscita
3) Non avevo potuto → Non ho potuto
4) regalo → avevo regalato
5) ha portata → aveva portata
6) non ha portato → non aveva portato
7) ho aspettato → avevo aspettato
8) ho già visto → avevo già visto,
   mi è piaciuto → mi era piaciuto
9) preparo → avevo preparato
10) era andata → è andata

6.

1) Ho aperto i regali che avevo ricevuto.
2) Ho letto il libro che mi aveva prestato Paolo.
3) Quando mio marito è tornato a casa io mi ero già addormentata.
4) Ha ricevuto il pacco che sua madre gli aveva spedito la settimana scorsa.
5) Quando siamo usciti di casa aveva già smesso di nevicare.
6) Ieri ero stanco perché avevo camminato tutto il giorno.
7) Ho finalmente trovato le chiavi che avevo perso.
8) Marco è venuto alla festa anche se non l'avevamo invitato.

7.

1) si erano coperti
2) avevano preso
3) era andata
4) erano tenuti
5) erano entrati
6) avevano segato

a) Erano venuti da Catania (dalla Sicilia).
b) C'erano venuti per commettere il furto.
c) Sono stati arrestati dopo che avevano preso il denaro.
d) Ha potuto telefonare di nascosto dal bagno.
e) Ci sono entrati dal lato posteriore dopo che avevano segato le sbarre di una finestra.

《訳》覆面強盗

昨日の午後4時30分頃、2人組の強盗が、トリノにあるウニクレディト銀行の支店を襲いました。犯人はシチリア出身の兄弟で、カターニアから盗みを目的にやって来ており、2人の著名なイタリアの政治家シルヴィオ・ベルルスコーニとマルチェロ・デッルートリの仮面で顔を覆い隠していました。しかし、現金約7万ユーロを奪って逃走中に、彼らは警察に取り押さえられ、逮捕されました。ところが、彼らを外で待っていた共謀者はうまく逃げたということです。警察に通報したのは、トイレに行っていた女性の職員でした。同僚たちが犯人に拘束されている間に、彼女は身を隠して、そこから電話できたのです。強盗たちは、窓格子を切断した後、裏口から銀行に侵入しました。もちろん、とりわけベルルスコーニと彼の友人であり同僚のデッルートリの仮面をかぶるという2人の泥棒の一風変わった選択には、考えさせられます。ひょっとして、何かをほのめかしたかったのでしょうか？

CAPITOLO
8

1.
1) cant<u>eremo</u>
2) torn<u>erete</u>
3) Prend<u>erò</u>, arriv<u>erò</u>
4) piac<u>erà</u>
5) fin<u>iremo</u>
6) part<u>iranno</u>
7) telefon<u>erai</u>
8) segu<u>irà</u>, stud<u>ierò</u>
9) sent<u>irà</u>, addorment<u>erà</u>
10) Compr<u>erò</u>, port<u>erete</u>

2.
1) cominciare, 授業は30分後に始まる予定です。
2) lasciare, 君はいつ東京を離れるつもり？
3) viaggiare, 君たちは電車で旅をするつもり？　それとも飛行機で？
4) mangiare, マリーアのところなら、私たちはきっとおいしく食べられるでしょう。
5) pagare, 彼らは来週家賃を払うつもりです。
6) studiare, あなたたちはローマで何を勉強するつもりですか？
7) pregare, 私はジャンニに車を貸してくれるように頼むつもりです。
8) cercare, 彼らは最善を尽くすよう努力してくれるでしょう。
9) rovesciare, 若い有権者たちが政府を倒すだろう。
10) affacciarsi, 間もなく彼らはバルコニーに姿を現すでしょう。

3.
1) tenere
2) avere
3) bere
4) sapere
5) volere
6) fare
7) rimanere
8) stare
9) venire
10) vedere

4.
1) saremo
2) avrai
3) potrà
4) tradurrà
5) vorremo
6) terrò
7) berremo
8) vorranno
9) sapranno, rimarranno
10) terrà

5.
1) rimarrò
2) Vedrò
3) Andremo
4) potrò
5) Tornerò
6) Partirà
7) telefoneremo
8) uscirò
9) daremo
10) andremo

6.
1) farò
2) berrò
3) Prenderò
4) rimarrò
5) pranzerò
6) smetterai
7) verremo
8) pagherai
9) visiterai
10) faremo

7.
1) indosserò（もし雪が降れば、私はコートを着るでしょう。）

2) prenderemo（もし雨が降れば、私たち
　は傘を持って行くでしょう。）

3) faremo（もし太陽が出てくれば、私た
　ちはピクニックをするつもりです。）

4) andrò（もし曇り空ならば、私は海へ行
　かないでしょう。）

5) uscirai（もし風が吹きつけるなら、あな
　たは自転車で出かけるでしょうか？）

6) useremo（もし霧が出てくれば、私たち
　は車を使わないでしょう。）

7) verrai（もし晴れ間が出れば、君は走っ
　て来るつもり？）

8) rimarrò（もし嵐になれば、私は家にい
　るつもりです。）

8.

1) f)（家の鍵が見つかりません。いったい
　どこにあるのでしょう？）

2) c)（リッカルドが何歳なのか知りませ
　ん。30 から 32 歳ぐらいでしょう。）

3) a)（夜中なのに玄関のベルが鳴ります。
　誰かしら？）

4) e)（変わった形の荷物を受け取ります。
　何かしら？）

5) b)（外国の人に出会います。どこの出身
　かしら？）

6) d)（駅がどれぐらい離れているのか正確
　にはわかりません。たぶん 500〜600
　メートルでしょう。）

7) h)（何時か正確にはわかりません。6 時
　ぐらいでしょう。）

8) g)（差出人の署名のない葉書を受け取り
　ます。誰のかしら？）

9.

1) sarò andato dal dentista, passerò da
　Maria.

2) avrò ascoltato il tuo cd, ti dirò cosa
　ne penso.

3) avremo chiesto un prestito alla ban-
　ca, ci compreremo la casa.

4) avrò finito di studiare, partirò per le
　vacanze.

5) avremo cenato insieme, andremo al

cinema.

6) avrà venduto la macchina, ne com-
　prerà una nuova.

7) avrò accompagnato i bambini all'a-
　silo, andrò a lavoro.

8) avremo guardato la partita in tv, fe-
　steggeremo.

9) sarà arrivata alla stazione centrale,
　mi chiamerà.

10.

1) lasceremo

2) attraverseremo

3) potrete

4) proietteremo

5) offrirà

6) servirà

7) incontreremo

8) spegnerà

9) sarà

《訳》

　みなさま、こんにちは。アリタリア航空
は、このローマ行きボーイング 747 にご搭
乗のみなさまに歓迎のごあいさつを申し上
げます。間もなく、私たちは日本を発ち、
シベリア上空を通過して、アジアを横断し
ていきます。レオナルド・ダ・ヴィンチ空
港への着陸は現地時間の 19 時を予定して
います。いっそう快適なフライトのため
に、みなさまは 6 つの音楽チャンネルから
お望みの 1 つを選んで合わせることができ
ます。また飛行中は、映画の上映も致しま
す。数分後には搭乗員がみなさまに飲み物
を提供し、1 時間後には夕食をお運び致し
ます。気象状況は良好ですが、間もなく乱
気流域にぶつかるかもしれません。したが
って、みなさまには、所定のサインが消え
るまではシートベルトをお締めくださいま
すようお願い申し上げます。またこのアリ
タリア機上では喫煙は認められていないこ
とにもご注意願います。飛行中、搭乗員は
みなさまのどのようなご要望にもお応え致
します。

CAPITOLO
9

1.
1) lascia
2) guardate
3) Leggete
4) entra, aspetta
5) Smettete
6) apri
7) venite
8) senti
9) leggi
10) Finite

2.
1) vada
2) risponda
3) Vada, giri
4) telefonate
5) faccia
6) venga
7) beva
8) aspetti
9) si accomodi (s'accomodi も可）
10) entri

3.
1) Va' a lavorare subito!
2) Abbiate pazienza!
3) Signora, dica la verità!
4) Fa' da solo i compiti!
5) Faccia come meglio crede!
6) Ragazzi, abbiate coraggio!
7) Signorina, mi dica cosa ne pensa!
8) Va' a casa!
9) Carlo, per favore, sii più paziente!
10) I signori abbiano la gentilezza di seguirmi!

4.
1) digli
2) gli
3) portale
4) Telefonagli
5) ci
6) dalle, restituiscile
7) fallo
8) chiudila
9) Prendine, mangiali
10) li

5.
1) guardalo, dimmi
2) telefonatemi
3) Fammi
4) ascoltami
5) Scrivigli
6) Vattene
7) si sieda
8) Ascoltiamolo
9) Alzatevi
10) dimmi

6.
1) Non mangiatelo!
2) Non guardare la tv!
3) Non portarglielo!
4) Non prendetene un altro!
5) Non parlatene!
6) Non partire domani mattina!
7) Non escano da questa stanza!
8) Non domandarglielo!
9) Non glielo dia!
10) Non le telefoni dopo!

7.
1) usalo
2) aprila
3) prendetela
4) fumarla
5) invitalo
6) aprila
7) prendetela!
8) bevilo
9) darmelo
10) usalo

8.

1) aspetta
2) sbrigati
3) guarda
4) ti preoccupare
5) va'
6) fa'
7) ricordati
8) telefona
9) dille

《訳》

アントネッラ：さあ、準備はできた？

ラウラ：いいえ、もうちょっと待って。鍵が見つからないの…。

アントネッラ：急いで、私たちもう遅刻なのよ。ハンドバッグの中は見たの？ 鍵はたぶんそこよ…。それとも、いつもの引き出しを見てみなさいよ。

ラウラ：わかった、わかったわ。心配しないで、すぐに探すわ。その間にあなたは、エレベーターを呼び出しに行って。

アントネッラ：行くわよ。でもお願いだから、早くしてね。それから、窓を閉めて、テレビを消すのを忘れないで。

ラウラ：わかったわよ。だけどあなた、ルチーアに電話をして、私たちが遅れると言っておいて。

アントネッラ：そうね、いつものように遅れるって。

9.

1) sbatti
2) aggiungi
3) falla
4) sbatti
5) incorporali
6) mettilo
7) premi
8) spolverale
9) inforna

《訳》

材料：小麦粉 400g、砂糖 350g、卵 16 個、粉砂糖 100g、塩 1 つまみ

作り方：

卵黄を卵白と分けなさい。次に卵黄に砂糖を入れて、泡が出て白いクリームになるまで混ぜなさい。これに少しずつ小麦粉を加え、それらが混ざり合うようにしなさい。その間に、卵白 8 個分だけを塩を 1 つまみ入れて撹拌し、その後で、先に練ったものにそれらを混ぜ合わせなさい。それを菓子作り用の注入器に入れ、小麦粉をまぶした 8〜9 センチの筋のあるバットに押し出しなさい。残りの粉砂糖をたっぷりふりかけ、オーブンに入れて中火で 20〜30 分焼きなさい。

10.

1) F（古いことわざに従えば、学生のみが健康のために努力しなければならない。）
2) F（水は必ずしも万人によいものではない、なぜならお腹を冷やし、下痢の原因になるかもしれないから。）
3) V（アメリカの食習慣は私たちにはあまりよいものではなく、特にファーストフードは避けた方がよいだろう。）
4) F（健康のためにはもう肉を食べてはならず、ベジタリアンになるほかない。）
5) V（よい食事をすることは、我々の時代の問題であるだけでなく、古代ローマの人々にもそうだった。）

《訳》

食卓において大切なのは、食べるものだけではなく、どのように食べるか、とりわけ誰が食べるのかである。例えば、学生はよい食事をするよう心がけねばならない。なぜなら、古代ローマ人が言ったように「健全な肉体に健全な知性が宿る」からであり、だからこそ、次の助言に従わなければならない。

1. すべての食事が大切であり、決して抜いてはいけない。
2. 水は毒気を取り除くのにとても大切である。飲みなさい。
3. 肉を食べるのは 1 度にしなさい、ほかはパスタと、あれこれ少しずつ。
4. 8 時間は眠りなさい、コーヒーはたくさん飲まないように。

万人に有益な勧めは、アメリカの食習慣に侵されたままにしないこと、逆に地中海の食餌療法を再発見することである。したがって、

a) 家族とファーストフード店に行ってはならない。
b) 食卓の味を再発見し、ゆったりと食事しなさい。
c) 新鮮な食品を買いなさい。地元の野菜や果物を。
d) 冷凍食品を買ってはいけない。
e) オリーブオイルで調理しなさい。
f) 過剰な肉と脂肪を食べない。
g) 頻繁に魚を食べなさい。
h) 水をたくさん飲みなさい。しばしば牛乳を飲むこと。1日にグラス1杯のワインも。心臓によいから。

おいしく食べるということは、よりよい生活だけではなく、喜びをも意味するのだ。それはよき食卓の味を再発見して、あなたがより健康になるのを手助けしてくれるだろう。

1.

1) (Noi) Stasera guarderemmo volentieri un film.
2) (Io) Preferirei restare a casa.
3) (Tu) Non andresti mai al teatro.
4) (Loro) Uscirebbero di sicuro con me.
5) (Noi) Non gli telefoneremmo mai!
6) (Voi) Mi comprereste un po' di cioccolata?
7) (Voi) Che vorreste fare dopo cena?
8) (Tu) Potresti finire il lavoro per venerdì prossimo?
9) Le bambine sarebbero molto contente di questo regalo.
   《解説》形容詞 contenta も contente と直すこと。
10) (Noi) Saremmo felici se venisse.
   《解説》形容詞 felice も felici と直すこと。

2.

1) mang<u>erei</u>
2) and<u>rei</u>
3) telefon<u>eresti</u>
4) fa<u>rei</u>, fa<u>resti</u>
5) aprir<u>esti</u>
6) and<u>rebbe</u>
   《解説》〈間接目的語 + andare + di + 不定詞「〜する気がある」〉の用法。di + 不定詞が主語的役割となり、動詞 andare は常に三人称単数で活用する。
7) camb<u>ierebbero</u>
8) cant<u>eresti</u>
9) fa<u>remmo</u>

3.

1) gradirebbe
2) dovrei
3) ci compreremmo
   《解説》comprarsi「自分用に買う」という意味の再帰動詞の用法。
4) presteresti

5) telefoneresti
6) starei
7) andremmo
8) porterebbe
9) piacerebbe
10) berrei

4.
1) vorrei andare
2) berremmo
3) richiamerei
4) presteremmo
5) interesserebbe
6) scriverei
7) andrebbe
8) compreremmo
9) Sarebbe
10) Vorremmo

5. (解答は動詞部分のみ)
1) Sarei venuto
2) sarebbe piaciuto
3) avrebbero potuto
4) avresti fatto
5) Avrei dovuto
6) sarebbe piaciuto
7) avreste dovuto
8) avresti preferito
9) Saremmo partiti
10) Avrei voluto

6.
1) darei (ルーカの住所は知らないよ。そうでなければ、君に教えてあげるけど。)
2) sarei venuto (昨日はぜひジャンナのところへ行きたかったのだけれど、頭が痛かったんだ。)
3) avrebbe voluto (ルチーアはあの洋服を買いたかったのだけれど、高過ぎました。)
4) direi (君のお兄さんがどこかは知らないよ。そうでなければ、君に言うけれど。)
5) Prenderei (まだあれば、私は魚にしたいのですが。)

6) avrebbe preso (マリーアはワンルームの住まいを借りるつもりだと私に言いました。)
7) sarebbe piaciuto (クラシック音楽のコンサートがあって、とても行きたかったのですけれど。)
8) Avrei voluto (あなたに会いに立ち寄りたかったのですが、時間がなかったのです。)
9) Mangerei (もっと食べたいところですが、あいにく、ダイエット中なんです。)
10) sarebbe venuta (パトリツィアも来るものと思っていたのだけれど、現れなかった。)

7.
1) piacerebbe, クラシック音楽のコンサートがあるので、とても行きたいのですが。
2) sarebbe, 先生との予約を取りたいのですが、今日は可能でしょうか？
3) saresti rimasto, 君は来月もローマにいるつもりだと思っていたよ。
4) mangerei, 何ておいしいラザニアなの！ もっと食べたいところだけれど、ダイエット中なの。
5) dovresti, あなたはとてもストレスがたまっている感じがするわ。少し休んだ方がいいわよ。
6) si sarebbe già sposata, クラウディアはもう結婚しているはずなのですが、彼氏が望まなかったのです。
7) sarebbe partito, カルロは私に、昨日出発するつもりだと言いませんでした。

8.
1) comincerei
2) vorreste
3) berrei
4) preferirei
5) porterebbe
6) potrebbero
7) piacerebbe
8) prenderei
9) aggiungerei

《訳》

ウエイター：こんばんは、みなさま、うかがってよろしいですか？

アルド：ええ、お願いします。私はのどが渇いていて、飲み物から始めたいのですが。

ウエイター：けっこうです。では、みなさん何をお飲みになりますか？

アルド：赤ワインを。ボトルを1本持ってきてもらえますか？

フランチェスカ：私はむしろ白ワインをグラスで飲みたいので、お願いします。クリスティーナ、あなたは何にする？

クリスティーナ：私はノンアルコールの食前酒の方がよいので、お願いします。

ウエイター：かしこまりました。

アルド：すみませんが、飲物と一緒に何か食べるものも持っていただけますか？

ウエイター：前菜の盛り合わせでよろしいでしょうか？

アルド：ええ、ただ、できれば熟成したチーズも少しいただきたいのですが。それを赤ワインでいただくのが大好きなんです。サルデーニャ産のペコリーノ・チーズがあるのを見ましたので、それにしたいのですが。

ウエイター：それでは、パンもお持ちしましょう。

フランチェスカ：ええ、お願いしますわ。それから、私は生ハムも少し加えたいけど、みんなどう？

クリスティーナ：あら、あなたダイエット中じゃなかったの？

フランチェスカ：そうなのだけど、金曜日までだったの。今日は土曜日よ。

9.

1) rappresenterebbe
2) era inteso
3) sarebbe nata
4) avrebbe significato
5) sarebbe ispirato

正誤問題

1) F（『ヴィーナスの誕生』は1482年から1485年にボッティチェッリによって書かれた物語である。）

2) V（この絵はフィレンツェのウフィッツィ美術館にある。）

3) V（ある研究者たちによれば、フィレンツェのルネサンス的教養に従うと（そのヴィーナスは）女性美の理想を表すようだ。）

4) V（海から生まれるヴィーナスの姿は寓意的な意味を持つ。）

5) V（ヴィーナスは、この絵において、精神の純粋さと美しさのシンボルと見なされている。）

6) F（彼女が裸なのは、女性の肉体美を強調しているからだ。）

7) V（ヴィーナスは、万物に命を与える力として理解された「愛」の寓意である。）

8) V（ヴィーナスの顔は、実存したある女性(の顔)から発想を得たものである。）

9) F（ヴィーナスの名前は、シモネッタ・ヴェスプッチという。）

10) V（シモネッタ・ヴェスプッチはその美貌で有名だった。）

《訳》ヴィーナスの誕生

「ヴィーナスの誕生」は、1482年から1485年に描かれたサンドロ・ボッティチェッリの絵画で、フィレンツェのウフィッツィ美術館に保存されている。この絵は、そのフィレンツェ出身の画家の最も有名な作品の1つであるが、それは芸術的な質の高さのためでもあり、また、最も広く知られた解釈によれば、フィレンツェ・ルネサンスの教養で理解されていたように、女性美の普遍的理想を表現しているようでもあることから有名である。

　実際、その絵はヴィーナスがどのように海から生まれたのかを語っているように見えるが、実のところはアレゴリー（寓意）を隠している、つまりその女神の像はもっと複雑な概念を暗示しているのだ。

　その女神の姿とはにかむようなヴィーナスのポーズ、すなわち彼女が手と長いブロ

ンドの髪で裸を隠しているとき、それは天
の金星の擬人化、つまり純粋、無邪気、精
神の美の象徴を表現していると言える。ゆ
えに女神の裸体は、1500年代のフィレン
ツェ人たちにとって、女性の肉体の美しさ
への称賛ではなく、むしろ精神美へのそれ
を意味したのであろう。

　そこに描かれた場面のすべては、したが
って、万物に生命を吹き込む力、命を産み
出す活力として解釈された「愛」のアレゴ
リーであろう。

　伝承によれば、ヴィーナスの顔を描くに
あたって、ボッティチェッリはシモネッ
タ・ヴェスプッチという女性からインスピ
レーションを得たのではないかと言われて
いる。彼女は比類なき美しさを持ったうら
若き女性で、当時の多くの詩人や芸術家に
賛美されていた。

1.
1) più, di
2) più, che
3) più, di
4) più, della
5) più, che
6) più, che
7) più, che
8) più, che
9) più, che
10) più, delle
11) più, che
12) più, che

2.
1) meno, che
2) meno, di
3) meno, di
4) meno, che
5) meno, del
6) meno, che
7) meno, di
8) meno, di
9) meno, che
10) meno, che
11) meno, che
12) meno, di

3.
1) quanto
2) come (quanto も可)
3) quanto
4) tanto
5) quanto
6) come (quanto も可)
7) quanto
8) tanto
9) quanto
10) tanto quanto
11) quanto
12) tanto

4.

1) a) un cane（犬のように忠実な）
2) g) un mulo（ラバのように頑固な）
3) l) un coniglio（ウサギのように怖がりな）
4) h) un pavone（クジャクのようにうぬぼれた）
5) i) un pesce（魚のように押し黙った）
6) f) un'oca（ガチョウのように間抜けな）
7) d) un gambero（エビのように赤い（恥ずかしさで赤面する））
8) b) una tigre（トラのように残忍な）
9) e) una scimmia（猿のように醜い）
10) c) una lumaca（ナメクジのようにのろい）

5.

1) il fiume più lungo, b)（Po）
2) l'università più antica, c)（Bologna）
3) il monte più alto, b)（Monte Bianco）
4) la regione più piccola, b)（Valle d'Aosta）
5) l'isola più grande, a)（Sicilia）

6.

1) minore（私は1985年に生まれ、2年後に妹が生まれました。）
2) meglio（とても暑いときには、たくさん飲む方がよい。）
3) migliore（フランスのワインはアメリカのよりおいしい。）
4) peggio（私は本当に具合が悪い、昨日よりも気分が悪いのです。）
5) migliore（リラックスするのにいちばんよいことは、休暇をとることです。）
6) peggiore（詐欺ほど悪いことはない。）
7) maggiore（ピエートロは2人の兄弟の中でいちばん上です。）
8) peggiore（私のイタリア語はあまりうまくないけれども、彼のはもっとひどい。）
9) meno, più（私はダイエット中なので、パスタはあまり食べず、サラダを多めに食べます。）

7.

1) migliore → meglio
2) che il → del
3) più → la più
4) di → che
5) di → che
6) io → me
7) così → come
8) più bene → meglio
9) come → che
10) che l' → dell'

8.

1) Meglio（悪い仲間とつき合うよりも一人のほうがまし。）
2) Tanto（猫がラードに近寄れば足跡が残る。＝悪事も度重なればいつかはバレる）
3) peggio（最悪には終わりがない。＝不運はいつも思っている以上に悪い）
4) che（明日のめんどりより今日の卵。＝明日の百より今日の五十）
5) più（文法よりも使うことのほうが大切だ。＝理論より実践がものを言う）
6) più（嫉妬深い女と男は最も危険だ。）
7) meno（最も優れた者は最低を知る。＝知性と教養がある人は弱者の立場を理解できる）
8) miglior（空腹は最良の調味料だ。＝空腹にまずいものなし）
   《解説》miglior は migliore の語尾が落ちた形で、意味は同じ。
9) miglior（最良の復讐は（敵を）許すこと。）
10) che（遅くともやらないよりはまし。）
11) come（愛はきゅうりのようなものだ。はじめは甘く、最後は苦い。）
12) più（親戚は靴のようなものだ。窮屈すぎると痛い思いをする。）

CAPITOLO 12

1.
1) con cui
2) a cui
3) con cui
4) che
5) che
6) in cui
7) in cui
8) per cui
9) che
10) di cui
11) che
12) in cui
13) che
14) con cui
15) da cui

2.
1) i)
2) l)
3) c)
4) a)
5) g)
6) e)
7) f)
8) h)
9) d)
10) b)

3.
1) La ragazza che ho incontrato si chiama Flavia.
2) La ragazza a cui ho prestato il libro è mia cugina.
3) Il film di cui vi parlo è di Benigni.
4) L'amica che vado a salutare è molto simpatica.
5) L'orologio che mi ha regalato Luigi è bellissimo.
6) La collina su cui è la chiesa è abbastanza alta.
7) Il computer su cui scrivo è vecchio.
8) Il motivo per cui Paola non viene è grave.
9) Gli amici da cui sono andato sono tedeschi.
10) Le foto che metto su facebook sono dell'ultimo viaggio.

4.
1) la quale
2) il quale
3) i quali
4) la quale
5) la quale
6) le quali
7) le quali
8) la quale
9) i quali
10) i quali

5.
1) sul quale
2) sulla quale
3) con la quale
4) sul quale
5) al quale
6) del quale
7) per la quale
8) nella quale
9) con le quali
10) nei quali

6.
1) Sono i ragazzi da cui (または dai quali) vado spesso. (「マルコとファビオって誰？」「僕がよく訪ねて行く男の子たちです」)
2) Sono i ragazzi con cui (または con i quali) gioco a pallone. (「ステーファノとダヴィデって誰？」「僕がボール遊びをする男の子たちです」)
3) Sono i ragazzi a cui (または ai quali) ho prestato la mia macchina. (「エリオトとジョヴァンニって誰？」「僕の車を貸してあげた男の子たちです」)

4) Sono le ragazze da cui (または dalle quali) ho ricevuto molti regali. (「マリーアとジュリアって誰？」「私がたくさんのプレゼントを受け取った女の子たちです」)

5) Sono le ragazze di cui (または delle quali) mi fido molto. (「ラウラとイレーネって誰？」「私がとても信頼している女の子たちです」)

6) Sono le ragazze per cui (または per le quali) ho fatto una festa. (「アンジェラとモニカって誰？」「私がパーティーをしてあげた女の子たちです」)

7.
1) la cui
2) i cui
3) la cui
4) i cui
5) i cui
6) il cui
7) la cui
8) le cui

8.
1) Chi (ルネサンス美術を学びたい人は、フィレンツェへ行かなければならない。)
2) chi (たくさんの質問をする人には、私は耐えられない。)
3) che (君が知り合った女の子たちは私の姪(孫)だ。)
4) Chi (コーヒーをたくさん飲む人は簡単には眠りに就かない。(寝つきがよくない))
5) che (毎日星占いを読む人がいる。)
6) Chi (自分のことばかり話す人は自己中心主義者だ。)
7) che (私がいちばん大好きな動物は馬だ。)
8) chi (私の考えでは、食べるのが好きな人は、料理も大変上手にできる。)
9) chi (私は飲み過ぎる人が嫌いだ。)
10) Chi (規則正しく勉強する人は、覚えるのも早い。)

9.
1) del libro
2) il nome dello scrittore (il suo nome)
3) per il giornale
4) del libro
5) i legami di mafia e politica (i loro legami)
6) (i) libri
7) sui libri
8) (i) libri

《訳》

ローザ：昨夜『ゴモッラ』を読み終えたの。ジョルジョが私に勧めてくれた本よ。とても話題なの(人々はそれについてよく話している)。本当に衝撃的な本だわ。

マリーナ：作者は誰？

ローザ：とても若い作家で、最近まで無名だったの…。彼の名前が抜けてしまって…。待ってね。ああここにあったわ、ロベルト・サヴィアーノというの。

マリーナ：ああわかった、その話をしているのを聞いたことがあるわ。彼はジャーナリストね、彼が寄稿している新聞をいつも読んでいるの。記憶違いでなければ、彼はマフィアやカモッラについて取り組んでいるわ。

ローザ：まさにそうよ、『ゴモッラ』の中でも、つまりあなたに話していた本のことだけど、彼らの犯罪について、また政治との関係について彼は語っているの。彼らのつながりは信じがたくて、不安にさせられるわ。でも絶対に読むべきよ。

マリーナ：いいわ、でも私はほかのジャンルの本の方が好きだわ。夢を持たせる本とか、あまり考え過ぎなくてすむものとか…。

ローザ：そうだけど、たまに考えさせる本を読むのは、誰にとってもよいことよ、そして現実から逃避しないということだけでも(よいことよ)。

1.
1) mangi, mangi, mangiamo, mangiate, mangino
2) legga, legga, legga, leggiamo, leggano
3) parta, parta, partiamo, partiate, partano
4) capisca, capisca, capisca, capiamo, capiate
5) sia, sia, sia, siamo, siate
6) faccia, faccia, facciamo, facciate, facciano
7) vada, vada, vada, andiamo, vadano
8) abbia, abbia, abbiamo, abbiate, abbiano

2.
1) b)
2) a)
3) b)
4) a)
5) a)

3.
1) dica（私の彼が本当のことを言ってくれることを（私は）願っています。）
2) parli（ロベルタが彼らと話すのは必要なことです。（ロベルタは彼らと話す必要がある））
3) ti alzi（明日の朝、君はもう少し早く起きたほうがいい。）
4) telefoni（ジョルジョが早く私に電話してくれるといいな。）
5) lavoriate（君たちはもっと働かなくてはなりません。）
6) sia（明日は太陽があってほしいです。（よい天気になってほしい））
7) beva（マリーアはコーヒーの飲み過ぎだと（私は）思います。）
8) siano（アンナとジュリアがヴェネツィアにいるなんてまずありえません。）
9) voglia（マウロがもうここにはいたくな

いのではないかと私は心配しています。）
10) dica（私は夫にすべてを言わなければなりません。）

4.
1) Penso che lei arrivi in tempo.
2) Spero che mi telefoniate.
3) È meglio che lo chiami io.
4) Mi auguro che lei torni presto.
5) Pare che loro siano partiti in fretta.
6) È difficile che lui accetti.
7) Temo che tu viaggi di notte.
8) È possibile che noi lavoriamo sabato prossimo.
9) Può darsi che voi veniate più tardi.
10) È possibile che loro sbaglino.

5.
1) sia
2) vi troviate
3) sia
4) si renda
5) facciate
6) sia
7) esca
8) capisca
9) torniate
10) vada

6.
1) siano
2) abbiate
3) siano
4) sia
5) abbia
6) siano
7) abbiate
8) sia
9) abbiate
10) sia

7.
1) sia stata
2) abbiate accettato

3) abbia rinunciato
4) abbia proibito
5) si sia, trasferito
6) abbia detto
7) abbia superato
8) abbia restituito
9) abbia cucinato
10) abbia nevicato (sia nevicato)

8.
1) tu abbia ragione.
2) ieri sera hai bevuto un pò troppo.
3) Alessandro parli molto bene l'inglese.
4) Simona usi molto la macchina.
5) i negozi abbiano aumentato i prezzi.
6) quel mobile è veramente antico.
7) i ragazzi abbiano fatto molto tardi.
8) Franca sia molto gelosa del suo ragazzo.
9) quei bambini siano molto rumorosi.
10) Luigi faccia di nuovo tardi.

9.
1) sia passato
2) sia, partito
3) racconti
4) abbiano licenziato
5) faccia
6) abbia lasciato
7) abbia preso
8) si sia sposata
9) sia stato
10) abbia, voglia

10.
設問 [1]
1) sia
2) sia
3) siano
4) siano
5) sia
6) possa
7) sia

8) costino
9) sia
10) sia
11) incontrino
12) facciano
13) sia
14) abbia
15) sia
16) possa

設問 [2]
1) F（アガタの考えでは、フィレンツェはすることや見るものがたくさんあるけれども、ちょっと退屈な町だ。）
2) V（カールは観光客が多いということが気に入らない。）
3) V（カールは観光客よりも、地元の人とより多く知り合おうと努めている。）
4) V（サビーネは、フィレンツェが国際的な町であることをよろこんでいる。）
5) F（サビーネは不景気のせいで、フィレンツェがとても物価の高い町になっていると考えている。）
6) V（ミホはイタリア人の男の子たちと友達になる機会がほとんどないことを残念に思っている。）
7) F（ミホの考えでは、外国人はイタリア人に対して好意的でない。）
8) F（ジョンの考えでも、フィレンツェで人々と知り合うのはとても難しいと思う。）
9) V（ジョンの意見では、ミホがもっと開放的で積極的になれば、たくさんのイタリア人の男の子たちから気に入られるだろうと思う。）

《訳》
アガタ：フィレンツェはすごくすてきな町だと思います。私は好きだし、とても居心地がよいです。それに、とても活気がある町だから、やってみたり、見たりすることがたくさんあるように思われます。
カール：僕は逆に、アガタのようには満足していません。僕の気に入らないことがとても多いのです。例えば、観光客が多すぎると思います。私も学生でありなが

ら、観光客の一人でもあるけれど、僕は
できるだけ、外国人よりもイタリアの
人々と多く触れ合いたいです。

サビーナ：反対に、私は町中にいろんな国
籍の人が大勢いるのはうれしいことで
す。思うに、より国際的な町では、より
興味深い人と知り合えるのではないでし
ょうか。それよりむしろ、物価が高すぎ
ると思うのです。イタリアのほかの町も
こんなに物価が高いのか、それとも観光
客のせいなのかわかりませんが。

ミホ：そうではなく、最大の問題は人々の
行儀が悪く、そして、外国人にあまり快
く話しかけないことだと私には思われま
す。それに、私のような外国人が若者と
出会ったり、イタリア人と知り合うのは
難しいです。

ジョン：僕はミホの意見には賛成ではあり
ません。僕が思うには、ここでは人と知
り合うのはとても簡単です。特に、若い
人たちとは。少なくとも僕にはね。おそ
らく、ミホがあまり人と知り合ってない
のは、彼女がかなり引っ込み思案だから
ではないかと思います。でも、こんなに
かわいいのだから、イタリアの男たちの
目から逃れられるなんて、ありえないの
ではと思うけど。

1.

1) Ho capito tutto benché nessuno mi abbia detto niente.

2) Andiamo al mare nonostante il tempo sia incerto.

3) Leggerò questo libro malgrado sappia che non è molto bello.

4) Sebbene sia tanto giovane è una persona molto responsabile.

5) Andrò alla festa benché mi senta raffreddato.

6) Nonostante io sia a dieta ogni tanto mangio la cioccolata.

7) Sebbene sia un uomo molto ricco non si dà le arie.
《解説》darsi le arie は「もったいぶる」「気取ってみせる」の意味。ここでは「偉そうにしない」「鼻にかけない」といった意味になる。

8) Malgrado mio padre non voglia, io esco lo stesso!

9) Marco insiste a voler concludere l'affare nonostante il suo socio non sia d'accordo.

10) Metterò la collana di perle benché non si abbini molto bene al vestito.

2.

1) e) (Ci andrò a patto che mi paghiate le spese.)

2) c) (Ti presto il libro a patto che tu me lo restituisca prima possibile.)

3) i) (Vengo con voi a condizione che qualcuno mi accompagni a casa.)

4) d) (Qualora sia interessato mi richiami a questo numero.)

5) h) (Non posso assolutamente venire a meno che non riesca a liberarmi.)

6) f) (Va' pure da Anna purché poi torni presto.)

7) a) (Andremo in aereo a Palermo a meno che tu non abbia cambiato

idea.)

8) g) (Metterò in ordine la casa prima che venga il medico.)

9) b) (Presto la macchina a Ilaria purché vada piano.)

3.

1) Sebbene Mario lavori fino a tardi non è mai stanco.

2) Provo a riparare la tv malgrado non ci capisca niente.

3) Ti racconto tutto purché non lo racconti a nessuno.

4) Esco con Lucia nonostante sia arrabbiato con lei.

5) Stasera vado al cinema sebbene non ne abbia voglia.

6) Nonostante i suoi genitori siano molto severi, lei esce spesso la sera.

7) Proprio non capisci malgrado tutti cerchino di spiegartelo.

8) I bambini vogliano giocare malgrado al parco faccia freddo.

9) Mia madre ha cucinato sebbene io non abbia fame.

10) Verrò da te a meno che non piova domani.

4.

1) perché（ブレーキの効きがよくないので、車を修理工のところへ持っていく。）
《解説》i freni non funzionano bene は直説法の表現。したがって、ここでのperché は「〜だから」と理由を表す接続詞として用いられる。

2) purché（君がついて来てくれるなら、僕も行くよ。）

3) Benché（立派な辞書を持っているのに、アガタは全然使わない。）

4) affinché（私がこうしたすべてを行うのは、みんなに利益があるようにだ。）

5.

1) siano（大変美しくとも、真珠は贈りま

せん。涙を運んでくるからです。）

2) porti（元日にはレンズ豆を食べるのが習わしです、新しい年がお金と幸運を運んできてくれるように。）

3) si rovescino（テーブルについたら、塩とオリーブオイルをひっくり返さないように注意しなくてはなりません、それは悪い兆しです。）

4) risponda（「狼の口の中へ」という決まり文句は、そう言われた人が「狼をやっつけてやる」と答えるならば、幸運をもたらしてくれます。）

5) passi（もし黒猫が道を横切ったならば、不運が彼の上を通り過ぎるように、誰かが前へ進み出てくれるのを待たなければなりません。）

6) sia（とても古い習慣だけれども、小さな赤い角（角型のマスコット）をお守りとして持っているのが習わしです。）

6.

1) sebbene

2) dovunque

3) qualunque

4) chiunque

5) comunque

6) ovunque

《訳》

愛するあなたへ、

今日で私たちが結婚して10年目。私が願うのは、あなたと一緒に過ごしたこの時間を私がどれだけよろこんでいるか、あなたが知っていてくれること。時々、私たちが知り合った時のことを考えるわ、友達の家での平凡な出会いだったけれど、私たちはすぐにお互いを気に入り、二度と離ればなれになることはなかった。あのとき以来、本当にあなたが行くところはどこへもついて行ったし、あなたがやることは何でも分かち合ったし、あなたの友達なら誰でも私の友達になったわね。私たちの人生にたとえどんなことがあっても、私たちはいつも一緒にいられればと思うわ。なぜなら私はあなたを愛しているから。そしてど

こへ行こうとも、いつもあなたのことを思っているわ。

　　あなたのロベルタより

7.
1) Qualsiasi
2) comunque
3) prima che
4) senza che
5) che
6) Prima che
7) qualsiasi

8.
1) a)（その家は君が想像できるよりもずっと大きい。）
2) b)（その映画は君たちが思っているほどよくはない。）
3) a)（この公園は君が言っていたように、本当にきれいだ。）
4) b)（このことは、彼らが思っていたほど重要ではない。）
5) a)（彼（彼女）は見た目よりも知的である。）
6) a)（それは思っていた通りの値段だ。）
7) a)（カルロは君たちが思っているよりも心が広い。）

9.
1) prenda
2) sia cominciata
3) faccia
4) funzioni
5) riesca
6) sia
7) faccia

《訳》

セレーナへ、

　元気？　私はけっこう元気よ。でも、この時期はかなり働いたから、とても疲れているわ。絶対に何日か休みをとる必要があるわね。だから、春はまだ来てないし、まだかなり寒いけれど、山間の小さな町で一週間過ごそうと思ったの。そこへは数年前に休暇で行ったことがあるわ。道のりはかなり長いから、まずは私のおんぼろ車を点検に持って行くつもりよ。ちゃんと動いてくれないと困るわ。路上で問題があってほしくないからね。土曜日の朝に出発しようと思ってる。早起きができればね！　天気予報はいいわよ。ずっと太陽が出ているようだから。やったわ！　私は小さなペンションに滞在する予定なの。そこはとても安いのに、とてもサービスがいいのよ。あなたも私について来たらどうかしら？　きっと一緒に楽しめるわ！　できるだけ早く知らせてくれるのを待っているわよ。
じゃあ近いうちに、
フランチェスカより

1.

1) abitassi, abitasse, abitassimo, abitaste, abitassero
2) avessi, avessi, avesse, aveste, avessero
3) aprissi, aprissi, aprisse, aprissimo, apriste
4) finissi, finissi, finissimo, finiste, finissero
5) stessi, stessi, stessimo, steste, stessero
6) bevessi, bevessi, bevesse, bevessimo, bevessero
7) dicessi, dicesse, dicessimo, diceste, dicessero
8) fossi, fossi, fosse, fossimo, foste

2.

1) Credevo che loro dovessero comprare una macchina nuova.
2) Bisognerebbe che tu prendessi il treno delle 3.
3) Sembrava che lei sapesse già tutto.
4) Speravo che voi mi aiutaste.
5) Era meglio che noi ti scrivessimo in proposito.
6) Vorrei che loro rimanessero con me più a lungo.
7) Pareva che lui proprio non mi ascoltasse!
8) Immaginavo che ormai tu lo sapessi.
9) Ho aspettato a lungo che voi arrivaste.
10) Pensavo che noi uscissimo stasera.

3.

1) Ero contento che tua figlia andasse così bene a scuola.
2) Speravo che Francesco se ne andasse presto.
3) Pensavi che non fosse vero?
4) Aspettavo che mi dessero una risposta.
5) Non vedevo l'ora che Luca arrivasse.
6) Non volevo che faceste rumore.
7) Pareva che lui abitasse a Roma.
8) Credevo che loro fossero in ritardo come sempre.
9) Mi sembrava che fossero svedesi.
10) Mi faceva piacere che vi divertiste.

4.

1) stessi
2) fosse
3) veniste
4) fosse
5) volesse
6) fossero
7) risolvessi
8) la smettessi
   《解説》smetterla は常に代名詞 la を伴って用いる慣用的用法。
9) leggesse
10) sposasse

5.

1) fossero
2) fossi
3) avessero
4) avesse
5) fosse
6) avesse
7) avessero
8) avesse
9) avesse
10) avessi

6.

1) avessi fatto（私はまるで誰かを傷つけたような気がしていました。）
2) avesse chiamata（昨晩ラーラが私に電話をくれたなんて知りませんでした。そんなこと、母は私に言いませんでした。）
3) fossi andato（私たちは、この時間にはもうあなたは寝てしまっているだろうと

思っていました。）

4) avesse viaggiato（若い頃、彼は特に東方諸国をよく旅したと言われていました。）

5) avesse nevicato（一日中雪が降ったのに、通りにはそれほどの雪はありませんでした。）

6) fossi, partito（あなたはもうジェノヴァへ発ったものと思っていたわ、だけど、まだここにいるのね。）

7) avesse voluto（アリーチェはまるで私たちに何かを隠そうとするかのような態度をとっていました。）

8) avessimo bevuto（私たちは夕食でちょっと飲み過ぎたにもかかわらず、遅くまで踊りに行ってしまいました。）

9) avesse studiato（私たちはルイージがイギリスで勉強したものと思っていました。彼はとても上手に英語を話すのですもの。）

10) aveste cambiato（あなたたちがなかなか到着しなかったので、間際になって心変わりしたのかと私たちは思っていました。）

7.

1) ti fossi svegliato（君はもっと早くに起きていなければならなかった。）

2) fosse successo（君が遅刻していたから、私は君に何かあったのではないかと心配になった。）

3) avesse perso（彼の父は賭博で大金を失ったと言われていた。）

4) fosse（私は、アントーニオはラウラのいとこだと思っていた。）

5) fossero andati（私は、彼らがすでに去年日本へ行ったものと思っていた。）

6) fosse（あの男が殺人犯だとは信じがたいことだった。）

7) piovesse（雨が強いのに、彼は傘も持たずに出て行った。）

8) avessi letto（あれは私が今までに読んだいちばん長い詩でした。）

9) dessi（彼らは、私がただちに彼らに返

事をすることを望んでいました。）

10) fossimo andati（アンナは、私たちが前の晩に映画館へ行ったものと思い込んでいました。）

8.

1) accompagnassi
2) partissi
3) accompagnassi
4) fossimo andati
5) avessi
6) fosse
7) capisse
8) fosse
9) sapesse

《訳》

やあ、エリオ、

調子はどうだい？　僕はあまりよくないよ、またクラウディアとけんかしてしまったから。実のところ、彼女にはもう我慢がならないんだよ、なぜならいつも僕にたくさんのことを要求してくるからね。最近のことでは、僕が明日彼女を駅まで送って、さらに彼女と一緒に旅立って、フィレンツェの親戚に会いに行くのにつき添ってほしいときた。どんなに退屈か、わかるだろう！　僕が拒むと、彼女は、先週末は一緒に郊外へ行きたかったし、もうずいぶんと二人で何か特別なことや、ロマンチックなことをしていないと、僕をとがめるんだ。彼女はしょっちゅう僕のことで嘆いていて、まるでほかに女がいるみたいに僕が彼女をなおざりにすると言うんだけど、そんなことはないのにさ。そうじゃなくて、僕は彼女にそんなに嫉妬しないでほしいし、なによりも僕の仕事の問題をもっと理解してほしいと思っているんだよ。僕は彼女が理想の女性だと信じていたんだけどね。でも、せめて料理がうまければなあ！

9.

1) Magari fossero tutti sinceri come lui!
2) Magari non ci fosse traffico oggi!

3) Magari (ad Osaka) le case costassero poco!
4) Magari (mio figlio) fosse guarito!
5) Magari (il mare) fosse pulito (da noi)!
6) Magari ci fossimo divertiti!
7) Magari mi avesse scritto!
8) Magari funzionasse tutto in Italia!
9) Magari ci fosse finalmente il sole!
10) Magari l'avessimo comprata!

10.

1) F（サビーナはロンドンで働きながらキャリア・アップしたかった。）
2) V（サビーナはお互いの愛の約束を信じて、彼女の婚約者を待たせることに決めた。）
3) F（マッテーオは浮気がばれなければ、彼女と別れたくはなかった。）
4) V（マッテーオはこの先ずっと関係を絶つためにサビーナにメッセージを書いた。）
5) F（サビーナは、彼女と別れたことを後悔してほしくて彼に写真とカードを送り返した。）

《訳》
　サビーナにはマッテーオという婚約者がいて、彼をとても愛していたのだが、彼女のキャリアにとても重要なロンドンでの仕事が入って引き受けてしまった。二人は離ればなれになってしまうけれども、お互いの愛と信頼を誓い合い、サビーナはマッテーオの愛を信じて旅立った。しかし、数週間後、サビーナにマッテーオからの予期せぬメッセージが届いた。そこには、彼女との関係を終わらせたいということが書かれていた。なぜなら彼は彼女と遠く離れていることにもう耐えられず、そのために、もう何度も浮気をしてしまったのは正当なことだとあった。彼はその突然の終わりを彼女に詫び、彼女に送った写真を返してくれるように頼んでいた。サビーナは、とても傷つき怒ったけれども、仕返しする方法だけを考え、そのために仕事の同僚全員に頼

んで、彼らの恋人や兄弟やいとこや叔父や友達の写真をもらい、ついには100枚近くを集めた。そしてマッテーオの写真にそれらすべての他人の写真をまぜて、次のカードと一緒に送った。
　「愛しのマッテーオ、
　私を許してね。でも、あなたが誰だか、まったく思い出せないの。これらの写真の中からあなたのを見つけて、それを自分で持っていればいいわ。ただし、ほかのは返してね、どうも」

16

1.
1) h)
2) b)
3) f)
4) d)
5) c)
6) a)
7) e)
8) l)
9) i)
10) g)

2.
1) Se non studiassi molto non potresti superare l'esame.
2) Se non fosse occupato mi risponderebbe al telefono.
3) Se non fosse arrabbiata, Maria non parlerebbe male di te.
4) Se non lo sapessi non ti racconterei tutto.
5) Se non dovessi dimagrire mangerei dolci.
6) Se non avessi un po' di tempo libero non farei un bel viaggio.
7) Se non ci fosse abbastanza neve non andrei a sciare.
8) Se il treno non fosse in orario perderei la coincidenza.
9) Se non ci fosse la nebbia, non partiremmo presto.
10) Se non fossi stanca, stasera uscirei.

3.
1) ci fosse
2) potrebbe
3) smettesse
4) potessi
5) staresti
6) dicessi
7) verresti
8) uscirei
9) ci fosse
10) potessi
11) verrei

《訳》

ブルネッラ：ねえ、今夜は何をしようか？
シルヴィア：そうね、特に思いつかないわ。
ブルネッラ：もし席があるなら、「アニータ（店名）」にステーファノやほかの人たちと何か食べにいけるのだけど。どうかしら？
シルヴィア：いいわね、でも、この天気じゃあね。せめて雨がやめばいいのに！
ブルネッラ：いったい何が問題だというの？　私が車で迎えに行ってあげるわよ！　本当のところ、あなたは面倒なのよ。できることなら、あなたは毎晩でもテレビの前にいたいんでしょう！
シルヴィア：まあ、それにね、今夜はサン・レーモ音楽祭もあるのよ。誰が優勝するのか見たいわ。
ブルネッラ：なによ、歌謡祭って！　年寄りの番組よ！　聞いて、もし私が今夜はジュリオもいるって言ったら、あなたは来るのかしら？
シルヴィア：ジュリオですって！　彼のためなら、ハリケーンが来たって出かけて行くわよ。
ブルネッラ：じゃあ、8時頃に迎えに行くわ、いいかしら？
シルヴィア：もう少し早く来られない？
ブルネッラ：できることなら、すぐにでも行くわよ。でも、まだほかの子たちにも電話しないといけないの、約束をするのに…。
シルヴィア：オーケーよ、では待っているわね。でもジュリオのことはお願いよ。
ブルネッラ：心配ないわ、きっと来るわよ。

4.
1) chiedesse, a) risponderesti, b) eviteresti, c) gireresti
2) facesse, a) aggrediresti, b) faresti, c) diresti
3) vestiresti, avessi, a) Indosseresti, b)

Metteresti, c) vestiresti
4) potessi, andresti, a) Preferiresti, b) Andresti, c) piacerebbe
5) dovessi, a) saresti, b) faresti, c) sentiresti
6) a) fossero, b) dovessi, c) fossero

《訳》
1) もし誰かが個人的なことを尋ねたら…
   a) あなたは問題なく答えるだろう。
   b) あなたは不躾な質問を遠ざけるだろう。
   c) あなたは回答を避けながら、質問をはぐらかすだろう。
2) もし親友があなたを大変怒らせたら…
   a) あなたは彼に食ってかかるだろう。
   b) 問題に気づかせるだろう。
   c) 彼に何も言わないだろう。
3) もし仕事の大事な約束があったら、あなたはどんな服装をするでしょうか？
   a) あなたは状況にふさわしい服を着るだろう。
   b) 君がこれまでに着た中でいちばんすてきな服を着るだろう。
   c) ふだん通りの服装をするだろう。
4) もし選ぶことができるなら、あなたはどこへバカンスに行くでしょうか？
   a) 少数の友達と一緒に、静かな場所の方がよい。
   b) 友人達と観光用の集落へ行くだろう。
   c) 一人で長い旅に出てみたい。
5) もしあなたがテレビ番組に出なければならなくなったら…
   a) 注目を浴びる中心にいるのがうれしいだろう。
   b) 気楽にいるように最善を尽くすだろう。
   c) 落ち着かず、とても恥ずかしい思いになるだろう。
6) 仕事の同僚と一緒のとき、あなたの振る舞いは、まるで…
   a) 彼らがみんな友達のよう。
   b) 誰とでもよい関係でいなければならないかのよう。でも、いつもそういうわけではない。
   c) 彼らは知人といった程度。あなたは彼らを信頼していない。

総合判断
a) の回答が多い場合：あなたは外向的な人。コミュニケーションを図り、人と一緒にいるのが大好きで、時には注目を浴びる中心にいることも好む。
b) の回答が多い場合：あなたは自己を高く評価しています。自分に自信がありますが、それを見せるのは、とりわけ節度を保つ人たちと接するときだけです。
c) の回答が多い場合：あなたは特に引っ込み思案な人。人とつき合って、自分の本性を見せる前に、少し時間を必要とします。

5.
1) Se avessi avuto tempo sarei rimasto ancora con voi.
2) Se non foste andati in vacanza sempre nello stesso posto, avreste conosciuto più gente nuova.
3) Se Chiara avesse bevuto di meno non sarebbe stata così male.
4) Se fossi stata bella e bionda, sarei piaciuta sicuramente di più agli uomini.
5) Se qualcuno mi avesse insegnato a nuotare, sarei venuto in piscina con voi.
6) Se avessimo avuto più soldi saremmo andati in vacanza in Giappone!
7) Se non fosse stato così caldo avrei girato di più per la città.
8) Se voi aveste speso di più avreste potuto avere abiti firmati.
9) Se Lisa non mi avesse detto la verità non sarebbe stata una vera amica.

6.
1) a)
2) f)
3) h)
4) d)
5) g)
6) i)

7) c)
8) l)
9) b)
10) e)

7.

1) avessi avuto, avrei fatto
2) fossero piaciuti, avrebbe ripresi
3) avrei venduta, avessi avuto
4) ci fosse stato, mi sarei addormentato
5) mi fossi accorto, mi sarei fidato
6) Avremmo visto, fossimo saliti
7) avessi potuto, avrei fatto
8) si fosse tagliata, sarebbe stata
9) Avresti potuto, fossi tornato
10) avessi vinto, avresti dovuto

8.

1) potessi tornare
2) avessi studiato
3) avessi lasciato
4) avessi imparato
5) avessi litigato
6) avessi trattato
7) avessi bevuto

《訳》独身者の嘆き

　これまでの人生で、私は多くの間違いをしてきたから、もしも後戻りできるなら、また同じことはしないだろう。もしも学校で法律を勉強していたら、今頃は教師ではなく弁護士になって、自分の仕事に満足しているだろう。ロッサーナと別れていなければ、彼女と結婚していて、独り者ではないだろう。それから、もし料理を学んでいたならば、今頃はこんなに頻繁にレストランで食事しなくてもよいだろう。兄と口論しなかったら、本当に信頼のおける人をそばにおいておけただろう。私が交際した女たちをもう少し大切にしていたならば、少なくともそのうちの一人は、今頃そばにいるだろう。しかし何よりも、昨夜あんなに飲まなければ、今朝はこんなにひどい頭痛がせず、こんなに悲しい思いをしなくてすむだろうに。

9.

1) Se faceste un viaggio in un paese esotico, oppure andaste a passare la notte in un castello o a Venezia…, sarebbe così romantico!
2) Se comprassi le ostriche al ristorante già cucinate, sarebbero perfette.
3) Se andassi invece al museo, sarebbe un diversivo più piacevole e poi potresti entrare gratis.

《訳》ロマンティックなバレンタインデーのために

サラ：ねえパオラ、バレンタインデーには何をするのか決めた？

パオラ：もちろん、ルイージと一緒に過ごすわよ。

サラ：で、何をするつもり？

パオラ：特に何もしないわ。ちょっとした内輪の夕食会をするだけよ。

サラ：それはほかにないアイデアよ。そうすればきっと彼は、赤いバラに熱烈な愛のカードをつけて、あなたにプレゼントしてくれるわよ。そして、あなたたちはお互いに贈り物を交換するの。まあ、誰もがやることだけど。

パオラ：そうね。去年、私たちは外食に出かけたの。でも、今年は二人でいる方がいいわ。ところで、ごめんなさい、もしあなたに彼氏ができたら、何をするつもり？

サラ：そうね、わからないけど、もっと心がときめくことかしら。あなたたち、エキゾチックな国へ旅行したり、お城とかヴェネツィアに行って、一夜を過ごしたりするのはどう？　すごくロマンチックよ。

パオラ：いいけど、お金は？　だめ、今年は私の家で夕食よ。でもね、まだメニューは決めてないの。

サラ：当然、性欲をかき立てるものにすべきよ。アスパラガスのリゾットと唐辛子をたっぷり入れた牡蠣の炭火焼にしたらどうかしら？　どの食べ物も性欲がわくわよ。

パオラ：そうね、リゾットには目がないか
　もしれないわ。でも、私は魚介類を料理
　するのが苦手なの。だったら調理済みの
　牡蠣をレストランで買おうかしら、そう
　すれば完璧ね、どう思う？

サラ：そう、その方がいいわ。それから、
　覚えておいてね。ワインとチョコレート
　を存分に用意するのよ。

パオラ：もちろん、もう考えてあるわ。そ
　れで、あなたはバレンタインデーには何
　をするの？

サラ：まだわからないの。家にいるか、ほ
　かの独り者の友達とどこかのお店にでも
　行くわ。

パオラ：かわいそうに。そんなことしない
　で、美術館へ行きなさいよ。ずっと楽し
　い気晴らしになるわよ。それに、ただで
　入れるのよ。実はね、バレンタインデー
　には、芸術に関する場所はすべて、芸術
　を愛する人たちのために開かれるの。

CAPITOLO

17

1.

1) Questa cantante è amata da molti
   italiani.
2) Il suo cane è lavato da Mario ogni
   mese.
3) L'orchestra è diretta da Riccardo
   Muti con grande bravura.
4) Il pane è fatto dai fornai ogni sera.
5) Il ladro è inseguito dal poliziotto.
6) Il pubblico è sempre conquistato dal
   Festival di San Remo.
7) La torta è mangiata dai bambini in
   un attimo.
8) Il ladro è arrestato dalla polizia.
9) La trasmissione di Santoro è seguita
   da molte persone.
10) L'albergo è prenotato dall'agenzia.

2.

1) Un corso di lingua italiana è stato
   frequentato.
2) I bagagli sono stati preparati.
3) Le medicine non sono state dimenti-
   cate.
4) L'albergo è stato prenotato.
5) Gli amici italiani sono stati contatta-
   ti.
6) Il biglietto per il museo è stato comprato.
7) Chiese e monumenti sono stati visi-
   tati.
8) La mostra di pittura rinascimentale
   è stata vista.
9) Una vera pizza napoletana è stata
   mangiata.
10) I souvenir per gli amici sono stati
    comprati.

3.

1) a) viene considerata, b) viene chiamata, c) viene festeggiato, 都市：Ve-
   nezia

《訳》この町は世界で最も美しい町の1つであるとあまねく見なされており、そのラグーナ（潟）とともにユネスコが認定する人類の世界遺産となっている。今日もなお、「セレニッシマ（晴朗なる国）」または「アドリア海の女王」と呼ばれ、特にここで毎年祝われるカーニバル（謝肉祭）は有名である。どの町のことを言っているのか？

2) a) viene chiamata, b) vengono conservati, c) viene visitata, 都市：Roma
《訳》それは何世紀も前から「永遠の都」と呼ばれている。人類最初の大都市であり、とりわけ、最も重要な古代文明の1つの中核だった。この町には、芸術的、考古学的な文化財が保存されており、量的にも芸術的価値としても世界に類を見ない。ゆえに毎年何百万という観光客によって訪れられている。どの町のことを言っているのか？

3) a) viene riconosciuto, b) viene considerata, c) vengono esposte, 都市：Firenze
《訳》ルネサンスの起源の地となった功績が、この町に認められる。それゆえ、そこはイタリア美術とイタリア建築の発祥地と見なされている。美術館や記念碑は数多く、そこには評価できないほど貴重な価値を持つ芸術作品が展示されている。どの町のことを言っているのか？

4.

1) verrà
2) venivano
3) viene
4) verranno
5) vengono
6) viene
7) veniva

5.

1) Vanno ascoltati（ストや電車の遅れがないかを知るために、アナウンスは聞かれるべきである。）

2) va comprato（しばしば切符売り場は人の列が長く、のろいので、切符は前もって買われるべきである。）

3) va prenotato（立って移動するのを避けるために、席は予約されるべきである。）

4) vanno comprati（パニーノや水は前に買われるべきである、食堂車は時々営業していないことがあるから。）

5) va timbrato（切符は乗車前に消印を押されるべきである、さもないと罰金を取られる。）

6) vanno tenuti（荷物はよく盗まれるので、監視されるべきである。）

7) vanno presi（遅延は我慢強く受け入れられるべきである、どうせどうにもならない。）

6.

1) I rifiuti inorganici non devono essere buttati qui da voi. / I rifiuti inorganici non vanno buttati qui.

2) Il biglietto deve essere fatto dai viaggiatori prima di salire sul treno. / Il biglietto va fatto prima di salire sul treno.

3) Il conto deve essere pagato dal cliente. / Il conto va pagato.

4) L'auto deve essere guidata con prudenza dagli automobilisti. / L'auto va guidata con prudenza.

5) Le medicine devono essere prese da Claudio 3 volte al giorno. / Le medicine vanno prese 3 volte al giorno.

6) Il passaporto deve essere mostrato al poliziotto da noi. / Il passaporto va mostrato al poliziotto.

7.

1) vengono（その両親は、息子たちの行いの責任をとるために呼び出される。）

2) viene（アンドレーアの携帯電話はよく妻にチェックされている。）

3) va（ピザは熱いうちに食べられるべきだ、さもないとおいしくない。）

4) vanno（バスの切符は乗る前に購入され
ねばならない。）

5) viene（多くのバールでは、食前酒を飲
むと、つまみがふるまわれる。）

6) va（トルナトーレ監督の映画は観られる
べきだ、非常にすばらしい。）

7) va（カプリ島に行くのに、フェリーはサ
レルノかナポリから乗られるべきだ。）

8) vengono（私の息子たちは毎日、夫に
学校へ連れていってもらっている。）

9) va（コーヒーは夜に飲まれるべきでない
と言う、眠れなくなるからだ。）

10) va（それは難しいテーマだから、注意し
て従われるべきだ。）

8.

1) si celebra
2) si svolgono
3) si caratterizza
4) si tiene
5) si svolgono

《訳》カーニバル（謝肉祭）

カーニバルは地域の伝統によってやり方
が違うものの、イタリア中で祝われるキリ
スト教伝統の祝祭です。通常、祭りの行事
は町の通りで繰り広げられ、そこで人々は
陽気に歌ったり、踊ったりしています。特
にカーニバルが特徴づけられるのは、みん
なが仮装し、仮面を着け、その格好で行列
に参加することです。イタリアの多くのカ
ーニバル中でも、あるいは多少なりとも有
名なものの中で、私たちが思い出すのはヴ
ェネツィアで開催されるものです。それは
世界でも最も重要なものの1つと見なさ
れ、衣装の美しさ、ラグーナが彩る魅惑的
な雰囲気の中での祝典の趣向でよく知ら
れ、また祭りの期間中には、たくさんの催
しが行われることでも有名です。例えば、
数々の美術展、ファッションショー、演劇
のショーなどがあります。

9.

1) Si sviluppano nuove tecnologie per
ridurre la distruzione dell'ambiente.

2) Si conservano le olive sott'olio.

3) ×《解説》da mio padre のような特定
の動作主をとることはできない。

4) Si coltivano queste arance in Sicilia.

5) Si produce questo vino in Puglia.

6) ×《解説》dalla ditta sponsor も動作主
であり、この構文では用いない。

7) Per fare il tiramisù si usa il mascarpone.

10.

1) sono visitate
《解説》この後に動作主 (da moltissimi
turisti italiani e stranieri) があるので
受動の si は使えない。

2) vengono conservate (si conservano)

3) si deve dire (deve essere detto)

4) vengono considerati (si considerano)

5) viene datato (è datato)

6) viene conservata (si conserva)

7) venne realizzata (venne < venire の
遠過去、〈venire + 過去分詞〉のときは
複合時制では用いることができない)

8) viene esposto (si espone)

9) viene identificato (è identificato)

10) deve essere assolutamente visitata
(si deve assolutamente visitare)

11) è anche chiamata
《訳》フィレンツェとその記念物
フィレンツェは芸術作品や記念建造物が
最も豊富なイタリアの都市の1つと見なさ
れていて、そうした記念物などは、毎年多
くのイタリア人そして外国人観光客によっ
て訪問されています。フィレンツェの美術
館や教会に保存されているすべての芸術作
品を語ることは不可能ですが、次のように
は言われるべきです。すなわち、世界で最
もよく知られた作品は、ボッティチェッリ
の「ヴィーナスの誕生」とミケランジェロ
の「ダヴィデ像」であると。それらは町の
シンボルである上に、イタリア・ルネサン
ス芸術のシンボルと見なされています。
「ヴィーナスの誕生」は寓意的な絵画で
すが、1482 年から 1485 年頃の日付が記

されていて、そのヴィーナスの姿の美しさ
で有名になりました。しかしまた、その作
品の内部に隠されている神秘的な象徴や多
義的な意味でも知られています。この「ヴ
ィーナス」はあの有名なウフィッツィ美術
館に保存されています。

　それに対して「ダヴィデ像」は大理石の
巨大な彫像で、ミケランジェロにより
1501 年から 1504 年にかけて作られまし
た。この有名な彫刻のオリジナルはフィレ
ンツェにあるアカデミア美術館に展示され
ており、今でもこの聖書の中の古代の英雄
は、町の力と権威のシンボルとして認めら
れています。

　逆に建築作品に目を向けると、イタリア
芸術の最も重要な証であるドゥオーモやジ
ョットの鐘楼、サン・ジョヴァンニ洗礼堂
のほかでは、サンタ・クローチェ教会が絶
対に訪れられるべきです。この教会は「イ
タリアの栄光の神殿」と呼ばれてもいるの
ですが、なぜならそこには何世紀にもわた
って、偉大なるイタリアを作り上げた重要
な人物たち、政治家や文学者や宗教家や芸
術家の遺体が安置されているからです。

1.

1) ridendo
2) facendo l'occhiolino
3) correndo
4) piangendo
5) scherzando
6) sbattendo la porta
7) brontolando
8) guardando la tv
9) chiedendo scusa
10) imprecando

2.

1) Guardando, 窓の外をのぞくと、私は
雪が降っているのに気づいた。
2) passeggiando, 中心街を散歩していた
ら、アンナに出会った。
3) Parlando, シモーネは話をするとき、い
つも手を振り動かす。
4) tornando, 私は家に帰る途中で、売店
に立ち寄るつもりだ。
5) Camminando, 歩きながら、クリステ
ィーナはタバコに火をつけた。
6) Discutendo, 熱く議論していたので、
私たちは遅くなっているのに気づかなか
った。
7) mangiando, bevendo, ジャンニは友達
と食べたり、飲んだりして、夕べを過ご
した。
8) venendo, ルイーザは約束の場所に来な
くて、私を怒らせた。
9) tenendo, ジュリオはいつも手になみな
みとつがれたグラスを握って、歌ってい
た。
10) permettendo, もし天気がよければ、私
たちは時間通りに到着するだろう。

3.

1) g)
2) a)
3) c)
4) h)

5) l)
6) i)
7) b)
8) d)
9) e)
10) f)

4.
1) Non avendo prenotato
2) Tornando
3) sciando
4) Continuando
5) Essendo venuti
6) essendo
7) mangiando
8) Prendendo
9) Parlando
10) Stando le cose così

5.
1) Non sono andato a lavorare perché avevo la febbre.
2) Spesso, quando torno a casa, mi fermo al bar in piazza.
3) Se passassi da Taormina, andrei sicuramente al mare.
4) Anche se non ha più soldi, continua a comprare di tutto.
5) Siccome non l'ho avvertita, Lucia non era a casa ad aspettarmi.
6) Se porterai la ricevuta potrai essere rimborsato.
7) Stiro sempre mentre guardo la televisione.
8) Mio padre quando parla urla sempre.
9) Laura è scivolata mentre camminava sulla neve.
10) Quando lavoro con Emma imparo molte cose.

6.
1) Giulia è uscita di casa tutta contenta ballando e cantando per la contentezza.
2) Attraversando la strada ho sentito Paolo che mi chiamava.
3) Ho fatto suonare a lungo il telefono pensando che in casa ci fosse qualcuno.
4) Essendoci lo sciopero dei treni, i viaggiatori hanno subito molti disagi.
5) Ilaria parlando a bassa voce non disturba i bambini che dormono.

7.
1) Avendo consultato la mappa su Internet, mio padre è partito.
2) Avendo piovuto molto, l'aria è più fresca.
3) Avendo finito il lavoro, mi sentirei più tranquilla.
4) Avendo mangiato molto a pranzo, preferisco non cenare.
5) Avendo bevuto troppo, non ho guidato io l'auto.
6) Avendo perso l'autobus, sono arrivato in ritardo.
7) Non avendo preso l'ombrello, ci siamo bagnati tutti.
8) Essendo venuti a piedi, abbiamo fatto una bella passeggiata.
9) Avendo finito di cenare, sono uscita un po'.
10) Non essendo ancora stato informato, non ne so niente.

8.
1) Andandoci
2) Telefonandogli
3) Alzandomi
4) Andandotene
5) Dicendoti
6) Essendosi svegliata
7) essendosene ricordato
8) Essendoci
9) Avendone comprata

10) Conoscendola

9.
1) sta tagliando
2) stanno seguendo
3) sta intervistando
4) stiamo ritornando
5) sta sfornando
6) sta facendo
7) stanno provando
8) sta dicendo
9) sto uscendo

10.
1) attraversando, entrando
2) passando
3) sorridendole, fingendosi, indossando, aspettando, aprendogli, liberando
4) sta andando
5) non sapendo, sentendo, avendo capito
6) avendo mangiato, avendo mangiato

《訳》赤ずきん

　昔々、いつも頭に赤いずきんをかぶっているので、赤ずきんという名の女の子がいました。ある日、その母親が彼女に、病気になったおばあさんのところへフォカッチャとワインを1本持って行くように言いました。彼女によく頼みながら、しかし、森を通るときにはしっかり注意するよう言ったのです。森にやって来ると、赤ずきんは狼に出会いますが、それが怖い動物だとは知らなかったので、彼女は彼と話し始め、どこへ行こうとしているのか言ってしまいました。すると狼は、彼女に微笑みながら、おばあさんのために花を摘むよう勧めました。その間に、彼はおばあさんの家まで駆けていき、赤ずきんになりすましておばあさんにドアを開けてもらうと、彼女を食べてしまいました。おばあさんを食べた後、狼は彼女のベッドに入り、彼女の服を着て、あの子も食べてしまおうと考えながら赤ずきんの到着を待っていました。しばらくして赤ずきんが到着しました。部屋に入ろうとして、彼女は何か変だと気づいたのですが、狼は彼女も食べてしまいました。そして、こんなにたくさん食べたので、昼寝をしようと決めました。一人の猟師がその辺りを通りかかると、狼が大きないびきをかいているのを聞いたので、様子を見に入ってみると、彼はすぐに狼が何をしでかしたのかわかったので、狼を殺してそいつのお腹を開き、赤ずきんとおばあさんを解放したのです。

1.
1) andai, andò, andaste, andarono
2) potesti, potè, potemmo, poterono
3) partii, partisti, partimmo, partiste, partirono
4) fui, fosti, fu, fummo, foste
5) avesti, ebbe, avemmo, aveste, ebbero

2.
1) i)
2) h)
3) e)
4) c)
5) f)
6) d)
7) l)
8) b)
9) a)
10) m)
11) g)

3.
1) Io
2) lui (lei)
3) Io
4) Noi
5) lui (lei)
6) voi
7) Lui (Lei)
8) Noi
9) loro
10) Voi

4.
1) Feci una domanda al professore.
2) Presero una decisione difficile.
3) Chiedemmo un'informazione stradale.
4) Rimase a lungo in Italia.
5) Gli scrissi una lunga lettera.
6) I bambini ruppero il bicchiere.
7) Visitai tutto il museo.
8) Vincesti tu il campionato nel 2004?
9) Corsero fino al traguardo.
10) Le parole che mi dissero anni fa le ricordo ancora bene.

5.
1) Angela fu molto felice.
2) Persero un'occasione importante.
3) Luca non disse una parola.
4) Rimanemmo a Roma solo due giorni.
5) Ti chiese di darle un altro appuntamento?
6) Comprando, fecero un grosso affare.
7) Vedeste poi Alessio al bar?
8) Mi disse tutto del suo ragazzo.
9) Scesero velocemente dalle scale.
10) Come rispondesti alla mia domanda?

6.
1) esclamò
2) rispose
3) propose
4) insistette
5) passarono
6) cominciarono
7) Lottarono
8) si stancarono
9) si fermarono
10) finirono
11) vide
12) capì
13) prese
14) mangiò

《訳》争う二者の間で、
第三者が喜ぶ（漁夫の利）

ある日、熊とライオンが、大きな肉の塊をめぐって言い争いをしていました。「先に見つけたのはオレだ！」と熊が声を荒げました。「それはそうだが、先に取ったのはオレ様だ！」とライオンがやり返しまし

た。「では、半分ずつに分けよう」と熊が歩み寄って提案したのですが、「いやだ、全部オレ様のものなのだから」とライオンは横暴に言い張りました。やがて、両者は言葉から行動へ移り、取っ組み合いを始めました。二人は長い間やり合って疲れてしまい、最後にはちょっと休もうと、争いを止めました。二人は疲れ果ててしまったので、ついに眠ってしまったのですが、ちょうどそこを通りかかったキツネが、彼らを見たところ、そこで何があったのか瞬時にわかったので、キツネはその肉の塊を手に取って、それをゆっくりと平らげました。

7.

1) ero（子供の頃、私はいつもボール遊びをしていた。）

2) sposò（ついに、王女様は青い王子と結婚した。）

3) conobbi（どうやって彼女と知り合ったかを、私はあなたに話しました。）

4) era（疲れ切っていたので、ステファーニャは来なかった。）

5) vinse（「ヴォラーレ」という曲は1950年代にサン・レーモ音楽祭で優勝した。）

6) sono andata（先週の土曜日に私は叔母に会いに行った。）

7) perse（ナポレオンはワーテルローの戦いで敗れた。）

8) aveva（リーザがわずか10歳のとき、父親が亡くなった。）

9) scrisse（ダンテ・アリギエーリは「神曲」を書いた。）

10) fu（ローマは一日にしてならず。（ことわざ））

8.

1) imprigionare
2) costringere
3) vedere
4) sedurre
5) nascere
6) sapere
7) ordinare

8) mettere
9) lasciare
10) arenarsi
11) trovare
12) allattare
13) allevare
14) venire
15) uccidere
16) riportare
17) dare
18) decidere
19) nascere
20) uccidere

《訳》ロムルス（ローモロ）とレムス（レーモ）の伝説

※ロムルス、レムスはラテン語読み。

古い伝説が語るには、ローマの町を築いたのは、ロムルスとレムスという双子の兄弟でした。ロムルスとレムスは、アルバ・ロンガというラツィオ地方の一都市の王の娘であるレア・シルヴィア王女の子供でした。ある日、王の弟のアムリウスが、王位を奪うために王を牢屋に閉じ込めて、ただ一人の姪であるレア・シルヴィア王女を、無理やり女神ウェスタに仕える巫女にして純潔を義務づけました、というのは、彼女がいつかその王位に異議を申し立てるような男子を産むのを避けるためでした。ある日、軍神マルスがレア・シルヴィアを見て、彼女を誘惑し、やがて双子が産まれました。叔父のアムリウスがそれを知ると、純潔の誓いを破ったために、彼は憐れなレア・シルヴィアを生き埋めにさせてしまいます。そして、女の召使いに子供たちを殺すよう命じました。しかし、召使いは子供たちをかごに入れ、テーヴェレ川が二人を遠くへ運んで行くのにまかせました。とうとうかごが砂州に乗り上げると、一匹の狼が子供の泣き声を聞き、彼らを見つけ、乳を与えました。やがて、その子たちを羊飼いのファウストルスが見つけ、妻のアッカ・ラレンツィアと一緒に育てました。大人になると、ロムルスとレムスは彼らの身の上（話）を知るようになりました。彼ら

は（大）叔父のアムリウスを殺し、祖父を王位に戻すと、王は彼らが育った場所に新しい町を築く許可を与えました。二人のどちらが秀でているのかわからなかったので、双子の兄弟は、二人のうちで先により多くの飛ぶ鳥を見た者がその町の王になると決めました。ところが、先に見たのはレムスのようですが、大群を見たのはロムルスだったようなのです。そのために、二人の間で争いが生じ、ロムルスはレムスを殺して、ローマの初代の王となりました。それが紀元前753年の4月21日のことだったのです。

CAPITOLO
20

1.

1) Yuko e Ayumi dicono che studiano l'italiano perché gli piace la cucina italiana.
2) Paolo dice che esce tutti i fine settimana con la sua ragazza.
3) Sandro dice che mi accompagna a casa.
4) Francesca e Ida dicono che vanno a prendere una loro amica alla stazione.
5) Silvia dice di non preoccuparmi e che mi chiamerà domani.
6) Mario dice che oggi non si sente molto bene.
7) Le ragazze dicono che vorrebbero restare ancora un po' ma che si è fatto tardi e devono tornare a casa.

2.

1) lì
2) è
3) è
4) è valsa
5) ha
6) sua
7) vogliono
8) gli
9) hanno
10) portarci
11) torneranno

《訳》

[A]

こんにちは、リーザ、
　私はまだ着いたばかりで、とても疲れているけれども、ここではすべて順調よ。大変な長旅だったけれど、断然その価値はあるわ、だってフィレンツェは本当にすてきな町なのですもの。私はもう友達のマーラと一緒に、歴史地区やいくつかの教会を訪れたのだけど、明日は私たちはウフィッツィ美術館を見に行きたいと思っているの

よ。私たちはサン・ロレンツォ地区の市場
も気に入ったし、帰ったらあなたたちに持
って行くたくさんの品々もすでに購入した
わ。みんなに大きなあいさつのキスを、そ
してマーラからもよろしくと伝えてね。そ
れでは。リリアーナより

[B]
　リリアーナは、彼女がまだ着いたばかり
で、とても疲れているけれども、あちらで
はすべて順調だと書いています。彼女が言
うには、大変な長旅だったけれども、断然
その価値はあったそうです。なぜならフィ
レンツェは本当にすてきな町だから。また
彼女が書くには、彼女の友達のマーラと歴
史地区やいくつかの教会をすぐに見たいけれ
ど、彼女たちは翌日はウフィッツィ美術館
を見に行きたいのだということです。また
彼女たちはサン・ロレンツォの市場が気に
入り、戻ったら私たちに持って来るたくさ
んの品々をすでに購入したのだとつけ加え
ています。彼女はみんなにあいさつのキス
を送り、マーラからもよろしくと伝えてい
ます。

3.

1) Disse che non poteva venire. (Disse
che non sarebbe potuto venire.でも可)
2) Dissero che se ne dovevano andare.
（Dissero che se ne sarebbero dovuti
andare.でも可)
3) Disse che il giorno dopo mi avrebbe
chiamato.
4) Disse che il giorno prima a Roma
era stato bel tempo. (Disse che il
giorno prima a Roma era bel tempo.
でも可)
5) Dissero che sarebbero venuti insieme il giorno dopo.
6) Disse di aver perso l'autobus.
7) Disse che gli sarebbe piaciuto visitare anche Lucca.
8) Disse che sarebbe partito la settimana dopo.

4.

1) Il cliente si lamentò perché la frutta
che aveva comprato il giorno prima
era marcia.
2) Mia sorella ci disse che gli aveva telefonato 5 minuti prima ma che non
le aveva risposto nessuno.
3) Gli studenti dissero che non avevano capito niente di quella spiegazione.
4) La commessa si lamentò dicendo
che quel giorno non aveva venduto
quasi nulla.
5) Laura esclamò che aveva già visto
quel film al cinema.
6) Anna disse che forse sua madre era
andata alla posta.
7) Carlo mi raccontò che proprio lì, in
quella casa, era nato suo padre.

5.

1) suo
2) aveva
3) le (regalarle と不定詞と結合した形)
4) fosse
5) le (chiederle と不定詞に結合した形)
6) aveva lasciata
7) aveva riportato
8) lei
9) aveva cambiato
10) era
11) avrebbero ritrovato
12) sembrava
13) avesse trovato
14) avrebbe restituito

《訳》

[A]
エレナ：ねえ聞いてルアーナ、私に何があ
　　　ったのか知らないでしょう！　気が動転
　　　しちゃったわ…。
ルアーナ：何があったの？　教えて！
エレナ：私の彼のサンドロが、復活祭に私
　　　にプレゼントしようとして、ケーキ屋
　　　さんに頼んでダイヤの指輪をチョコの卵に

入れさせたのよ。

ルアーナ：それはすてきね！　すごくすてきな驚きのある卵ね！　あなたに結婚を申し込むには、まさに独創的なアイデアじゃない？

エレナ：実を言うと、彼は私を捨てたわ…。実際はね。私はそれと知らずに卵を返しに戻ったのよ。だって、ブラックチョコレートだったんですもの。私はね、ブラックのは嫌いなの。それで、それをミルクチョコレートのものと交換したの。

ルアーナ：どうしましょう！　それで指輪の入った卵は？

エレナ：もちろん、見当たらないわ。たぶん、売られてしまったのよ。ともかく、サンドロは心底怒ってしまったのだけど、私はわざとやったわけじゃないの。どうしたらいいかわからないわ！

ルアーナ：驚いたわ！　思うに、その指輪入りの卵は見つからないでしょうね。それを見つけた人が、あなたたちに返してくれるなんて、あり得ないことに思えるから。

[B]

サンドロの復活祭の卵の話は、よく覚えているわ。エレナが絶望的になって私に電話をしてきたの。私に話すには、彼女の彼氏のサンドロが、復活祭で彼女にプレゼントしたくて、彼はケーキ屋さんに頼んでチョコの卵の中にダイヤの指輪を入れさせたそうなの。私はそれを聞いたとき、彼が彼女に結婚を申し込むにはまさに独創的なアイデアだと思ったわ。でも、彼女が言うには、サンドロは彼女を捨てたんですって、なぜなら彼女は卵の中に指輪が入っているとは知らずに、それを返しに戻ってしまったから。実のところ、卵はブラックチョコレートのもので、彼女はブラックのが嫌いなの。だから、ミルクチョコレートのものと交換したわけ。サンドロはそのことを知ると、心底怒ってしまい、エレナを捨てたのよ。私はすぐにエレナに言ったのだけど、私の考えでは、指輪入りの卵はもう見つからないわ。それを見つけた人が、彼ら

にそれを返すなんてあり得そうにないと思えたから。そして実際、その通りだったわ。

6.

1) Gli ha chiesto se avesse telefonato a Mariella.

2) Ci ha chiesto se fossimo sposati.

3) Vi ha chiesto se voleste dormire qui stanotte.

4) Gli ha chiesto se avessero già mangiato.

5) Mi ha chiesto se avessi abitato a Roma da piccola.

7.

1) "questo pezzo di legno è capitato al momento giusto! voglio farne una gamba di tavolino"

2) "non mi picchiare forte!"

3) "ho capito, me la sono immaginata io"

4) "ahi! Mi hai fatto male!"

5) "smetti! Tu mi fai il pizzicorino sul corpo!"

《訳》「ピノッキオ」より

ある日、サクランボ親方と呼ばれる家具職人の工房でのこと。彼がそう呼ばれるのは、熟したサクランボみたいに、赤くてテカテカした鼻をしているからなのですが、その工房にちょっと変わった一片の材木が入りました。実際、最初にそれを目にしたときには、親方はよろこびのあまり、その材木がいいときに手に入った、机の脚を1本作りたかったのだと、ひとりつぶやきました。そして、親方は仕事を始めようと斧を手にしたのですが、打ち下ろそうとしたまさにそのとき、その材木からかすかな声がして、あまり強く叩かないでくれと言うのを聞いたのです。サクランボ親方は目をきょとんとさせ、部屋中を見渡し始めました。その声がどこから出てくるのか突き止めようとしたのですが、誰も見えません。すると彼は、笑いながら、わかったぞ、あれは自分の思い過ごしだったと言いました。そして斧を取り、強烈な一撃を材木に

見舞ったのですが、またすぐに、痛みによる悲鳴と、彼が痛めつけるのだと訴える誰かの声を聞いたのです。サクランボ親方は大変に驚き、やがて正気を取り戻すと、おそらくその材木の中に誰かが隠れているのだろうと考えて、それを部屋中に投げつけました。それが痛みでうめくのを待っていたのですが、今度は何も聞こえませんでした。すると自分の間違いであったことを自覚し、今度はかんなを手に取ると、上に下に、材木にかんなをかけ始めました。そのとき、彼はまたあの聞き覚えのある声を聞いたのです。それは彼に止めるように言うのです、体をくすぐっているのだと。このときばかりは、雷に打たれたかのように腰を抜かしましたが、それほどの恐怖だったのです。あまりの恐ろしさに、親方の鼻は、先っぽまで真っ青になってしまいました。